ÖSTERREICHISCHE AKADEMIE DER WISSENSCHAFTEN
PHILOSOPHISCH-HISTORISCHE KLASSE
SITZUNGSBERICHTE, 525. BAND

VERÖFFENTLICHUNGEN DER KOMMISSION FÜR IRANISTIK NR. 23
HERAUSGEGEBEN VON MANFRED MAYRHOFER

NOSRATOLLAH RASTEGAR

ZUR PROBLEMATIK EINIGER HANDSCHRIFTLICHER QUELLEN DES NEUPERSISCHEN NAMENBUCHES

VERLAG DER
ÖSTERREICHISCHEN AKADEMIE DER WISSENSCHAFTEN
WIEN 1989

Vorgelegt von w. M. Manfred Mayrhofer
in der Sitzung am 9. November 1988

— ISBN 3 7001 1571 7

Druck: Ernst Becvar, A-1150 Wien

ZUR PROBLEMATIK EINIGER HANDSCHRIFTLICHER QUELLEN DES NEUPERSISCHEN NAMENBUCHES

Die Arbeit am Neupersischen Personennamenbuch (*NpPNB*), einem Faszikel des auf 11 Bände angelegten Iranischen Personennamenbuches (*IPNB*), begann im Dezember 1983. In der ersten Arbeitsphase, die bis zum Frühjahr 1986 dauerte, wurden aus der Reihe der klassischen neupersischen Epen die drei wichtigsten Quellen, nämlich das *Šāhnāme*, das *Garšāspnāme* und das *Wīs u Rāmīn*, auf ihr Namengut hin bearbeitet[1]. Über die Zielsetzung des Projektes sowie über die onomastischen Forschungsprobleme im Rahmen der neupersischen Überlieferung legte ich einen ausführlichen Artikel vor[2].

In der zweiten Etappe meiner Arbeit, die bis zum Frühjahr 1988 dauerte, wurden neben weiteren bekannten klassischen neupersischen Epen wie *Xosrau u Šīrīn, Haft Paikar, Iskandarnāme* (bestehend aus *Šarafnāme* und *Iqbālnāme*)[3] einige weitgehend unbekannte, weil entweder gar nicht oder nur zum Teil edierte Kleinepen, wie das *Barzūnāme, Farāmarznāme, Bahmannāme, Kok-i Kōhzād*, sowie *Bānū Gušaspnāme, Aḏarbarzīnnāme, Šahryārnāme, Kōšnāme*, behandelt[4].

In der jetzigen dritten Phase, die voraussichtlich Anfang 1990 enden dürfte, konzentriert sich die Arbeit auf die Fertigstellung von zwei Publikationen: Hauptfiguren der klassischen neupersischen Epen und Iranische Personennamen in der neupersischen Überlieferung, wobei die erstere als Vorauspublikation zum *NpPNB* nur jene Personennamen enthalten soll, die in der klassischen neupersischen Epik – und nicht nur hier – sehr häufig vorkommen und deren Belegstellen und Prosopographien allein einige hundert Seiten ausmachen dürften[5].

---

[1] Für die angegebenen Quellen siehe Firdausī, Asadī und Faẖru'd-Dīn, sonst unten A) 1–3.

[2] Siehe Rastegar 1987.

[3] Für die einzelnen Epen siehe Niẓāmi sowie unten A) 4–7.

[4] Für die einzelnen Quellen siehe unten B) 1–4 und C) 1–4.

[5] Hierzu siehe meine Begründung in: Rastegar 1987, 83.

Während sich die in meinem Artikel dargelegten onomastischen Forschungsprobleme erwartungsgemäß auch bei der Bearbeitung der obgenannten Epen wiederholten, etwa das Fehlen kritischer Editionen, ferner die sich hieraus sowie aus der Kollation der handschriftlichen Vorlagen ergebende Problematik von variae lectiones und die der prosopographischen Abweichungen etc., stellten sich vor allem bei der Bearbeitung von nur als einzelne Handschriften vorliegenden Texten oder nur zum Teil edierten Werken ganz neue Probleme, die zu besprechen es hier gilt[6]. Zuvor möchte ich aber noch kurz auf den heutigen Stand der neupersischen Namenforschung eingehen.

Es gibt nur sehr wenige namenkundliche Arbeiten, in denen neupersische Personenamen gesammelt und aus onomastischer Sicht untersucht worden sind. Als solche dürften in erster Linie Namenbücher, Namenlexika, Enzyklopädien, Glossare, also *Nāmnāmes, Farhang-i nāmhā*, oder auch *Farhangs* und *Luġatnāmes* und ferner die sogenannten *Fihrist-i 'A'lāms* in Frage kommen

Aus der Reihe der Namenbücher kann man mit Ausnahme des immer noch wertvollen Iranischen Namenbuches FERDINAND JUSTIS, in dem auch neupersische Namen zu einem guten Teil gesammelt und fallweise auch sprachhistorisch – wenn auch nicht immer einleuchtend – gedeutet sind[7], und FRITZ WOLFFS *Glossar*, das neben dem umfangreichen Wortschatz auch das Namengut des *Šāhnāme* enthält[8], keine vom wissenschaftlichen Standpunkt aus vertretbaren Namenbücher nennen, die den Ansatz JUSTIS im Bereich der neupersischen Onomastik fortsetzen oder erweitern würden[9]. Zwar gibt es

---

[6] Zu den genannten Problembereichen siehe RASTEGAR 1987, A)–D).

[7] JUSTI 1985 [Nachdruck Hildesheim 1963]; siehe dazu SCHMITT 1978a, sowie HORNS Rez., 1897. Abgesehen von unvollständigen Belegstellenangaben und manchen prosopographischen Verwechslungen bei einzelnen neupersischen Namen, gehen manche falsche Lesungen der einzelnen Lemmata bei JUSTI auf seine problematischen Vorlagen, wie z. B. MOHLS unkritische *Sāhnāme*-Ausgabe, zurück. Zu diesem Problemzusammenhang siehe RASTEGAR 1987, besonders 89ff.

[8] WOLFF 1935; auch die noch nicht vollständige *Encyclopaedia Iranica* (=*EncIran*) bietet brauchbare Daten zu einigen neupersischen Personennamen.

[9] JUSTIS Ansatz im Bereich des Alt- und Mitteliranischen ist bereits durch die auch im Rahmen des *IPNB* vorgelegten Arbeiten von MAYRHOFER (1973 u. 1979) und SCHMITT (1978a, 1978b, 1981 u. 1982) sowie ZWANZIGER (1973 u. 1977), WERBA (1979 u. 1982) und im Rahmen der neuiranischen Überlieferungen von FRITZ (1983) erweitert worden. Für die weitere Bibliographie siehe RASTEGAR 1987, 79, A. 1 u. A. 2. Das oben angedeutete Problem der unkriti-

mehrere neupersische *Farhang-i nāmhā* oder *Nāmnāmes* (=Namenbuch/-bücher), die in den letzten dreißig Jahren, vor allem in der vorrevolutionären Ära im Iran entstanden sind, um dem plötzlichen, kulturhistorisch bedingten Bedarf der modernen iranischen Eltern nach echt iranischen Namen für ihre Neugeborenen nachzukommen, doch keines der vorliegenden Namenbücher, nicht einmal die etwas anspruchsvolleren Namenbücher von MODDABERĪ oder ʿABĀSĪ können oder wollen Anspruch auf Wissenschaftlichkeit erheben. Für unser *NpPNB* konnten sie deshalb keinerlei Erleichterung darstellen[10].

Als weitere namenkundliche Vorarbeiten kann man einerseits die klassischen, seit dem 12. Jh. n. Chr. im neupersischen Sprachraum entstandenen *Farhangs* und *Luġatnāmes* nennen, die u. a. auch viele neupersische Personennamen mit kurzen Hinweisen über ihre Quellen und Prosopographien vermitteln und wenigstens aus texthistorischer Sicht wichtige Vergleichsquellen darstellen[11]. Andererseits gibt es eine Reihe neuzeitlicher Enzyklopädien und Nomenklatoren, die in derselben Tradition stehen und bei Berücksichtigung der älteren Farhangs und Luġatnāmes, aber auch der seit dem 19. Jahrhundert gedruckten klassischen Epen, Tārīḫs, Taḏkirats und Diwāns sowie

schen Textvorlagen (A. 7) trifft auch für WOLFFS *Glossar* zu, dem auch die problematischen *Šāhnāme*-Ausgaben von MOHL, MACAN und VULLERS [siehe u. A) 1] als Vorlage gedient haben. Siehe auch hierzu RASTEGAR 1987, 81, A. 10, 82, A. 15 sowie 89ff. Von besonderem texthistorischem Wert ist ferner ʿABDUL-QĀDIR BAĠDĀDĪS *Lexicon Šāhnāmianum* aus dem 17. Jh., das sowohl von WOLFF als auch von mir im *NpPNB* bei abweichenden Lesungen eines Lemmas zitiert wird.

[10] Die bekanntesten dieser Namenbücher sind: ʿABĀSĪ 1966 [5. Aufl. 1984], MUDDABERĪ 1984 (mit allerdings nicht unproblematischer Transkription der Namen. Dort Hinweis auf weitere *Nāmnāmes*, pp. 703–709), ŠĀHĪN 1976, DĀNĀʾĪ 1985 (2. Aufl.), ferner das Namenbuch HOSSEYN NAKHAʿĪS (1970), das ich 1980 in Teheran eingesehen habe; es liegt mir leider nicht mehr vor. Darüber hinaus gibt es einige onomastische Einzeluntersuchungen, die aber ebenfalls unter den genannten Mängeln leiden, dennoch vom Ansatz her zu begrüßen sind, so ĀWĪŠANS soziolinguistische Untersuchung der Frauennamen (1986) sowie der Artikel KALBĀSĪS in: *Spektr. Ir.*, 1988, 59–62. Vgl. YARSHATER (1988a), pp. 371–373. Sein erster Beitrag zur neupers. Namenkunde, auf den er hinweist, ist von ihm leider nicht mehr näher spezifiziert, ebd. 371.

[11] So z. B. ASADĪS *Luġat-i Furs* (*Lġ-Frs*) aus dem 5. Jh. n. H. (=11. Jh. n. Chr.), und viele weitere, auch im indischen Subkontinent entstandene *Farhangs* und *Luġatnāmes*. Hierzu siehe S. NAFĪSĪS Aufstellung in: *Lughat-Nama-i Dihxodā*, Ser. Nr. 40 (1959), 178–186 wo er 188 Titel nennt, sowie ʿABĀSĪS Einleitung zu *Burhān-i Qāṭiʿ*, ebda, 1–80. Für die Problematik der neupersischen Enzyklopädien siehe ferner BLOCHMANN 1868; ṢAFĀ 1985a, Bd. V/1, 366–394, sowie SHIHABĪ (1988), 458–480.

sonstiger primär-(und sekundär-)literarischer Werke viele Personennamen wiedergeben. Die wichtigsten, wenn auch nicht unproblematischen, im neupersischen Sprachraum entstandenenen Enzyklopädien stellen *Luġatnāme-i Dihxodā* und *Farhang-i Mo'īn*, und aus der Reihe der westlichen die noch nicht vollständige *Encyclopaedia Iranica* dar[12]. Diese und ähnliche Nachschlagwerke, die man als erleichternde Vorarbeiten bei Sammlung und Untersuchung neupersischer Personennamen benützen oder besser zum Vergleich heranziehen könnte, sind aber mangels kritischer Überprüfung ihrer Vorlagen noch keine sicheren Quellen[13]. Hierzu gehören allerdings auch die (manchmal getrennt herausgegebenen) *Fihriste-i 'A'lām* (z. B. beim *Farhang-i Mo'īn*), *Farhangs* oder *Vāženāmes* zu einzelnen Werken, seien sie nun *Farhang-i Loġāt wa Iṣṭilāḥāt* (z. B. als Anhang zu MACANS *Šāhname*-Ausgabe oder zu anderen Maṯnawīs, Dīwāns etc.) oder *Luġatnāme* u. dgl., in denen unter anderem auch Personennamen gesammelt und in alphabetsicher Anordnung vermittelt sind[14].

---

[12] *Lughat-Nama (Dictionnair Encycklopédique)*, im folgenden: *Luġatnāme-i Dihxodā; Farhang-i Fārsi, A Persian Dictionary*, im folgenden zitiert als: *Farhang-i Mo'īn*), MO'ĪN 1964, [7. Aufl. 1985 hiernach zitiert]; *EncIran*. Zu nennen ist ferner das weniger brauchbare *Farhang-i 'Amīd*, 'AMĪD 1958 (18. Aufl. 1983).

[13] Selbst bei wertvollen Enzyklopädien und Farhangs, wie z. B. *EncIran* oder *Luġatnāme-i Dihxodā, Farhang-i Mo'īn*, muß man hinsichtlich vieler, vor allem archaischer Namen feststellen, daß eine textkritische Untersuchung ihrer benützten (handschriftlichen oder edierten) Quellen fehlt, und daß viele in der klassischen Literatur vorkommenden Personennamen gar nicht aufgenommen worden sind; siehe z. B. den Namen *Ābnāhīd* in der *EncIran*, der in einem Vers des *Wīs u Rāmīn* zusammen mit dem anderen Frauennamen *Ābnāz* (so in der kritischen Ausgabe Teheran, dagegen als *Ābnār* nach MĪNOWĪS Ausgabe) vorkommt. Während der erstere hier nur nach der Ausgabe MĪNOWĪS – und nicht nach der kritischen Ausgabe Teheran (s. u.) – zitiert wird, ist der zweite Name gar nicht aufgenommen worden, beim *Farhang-i Mo'īn* fehlen die beiden Namen.

[14] So z. B. das *Fihrist-i 'A'lām* zum *Wīs u Rāmīn*, FAḪRU'D-DĪN, *W u R* (Teh) u. (Mh) [1 u. 4] oder das *Farhangnāme* zu NIẒĀMĪS *Kulliyāt-i Dīwān*, NIẒĀMĪ, (A), usw. Der philologische Wert der Fihrist-i 'A'lām (als Namenregister) eines Werkes, um bei dieser Textsorte zu bleiben, hängt in der Regel in erster Linie vom Grad der Wissenschaftlichkeit der jeweiligen Werkausgabe, aber auch von der genauen Lesung und der vollständigen Belegstellenangabe der einzelnen Personennamen ab. Daß selbst die Namenregister mancher kritischer Werkausgaben, wie z. B. das der *Šāhnāme* Ausgabe BERTEL'S', an manchen Stellen unvollständige Belegstellen oder gar Verwechslungen der Personen aufweisen – dies gilt zum Teil auch für WOLFFS *Glossar* –, habe ich bereits an anderer Stelle angemerkt; s. RASTEGAR 1987, 82, A. 15 sowie 83, A. 19 und 89ff.

Bei einer kritischen Betrachtung dieser Nachschlagwerke, vor allem der genannten Enzyklopädien und Nomenklatoren, kann man indes leicht feststellen, daß bei vielen Namen weder ihre Quellen noch ihre Prosopographien aus textkritischer und, was ihre richtige Lesung angeht, auch aus sprachhistorisch-etymologischer Sicht geprüft worden sind[15].

Einer der Gründe für diese verwirrende Tradition der Namenkunde im neupersischen Sprachraum[16], ganz besonders im 20. Jh., liegt u. a. in der Vielzahl der erhalten gebliebenen, oft divergierenden Handschriften und der – auf nur wenigen Handschriften basierenden – unkritischen Editionen der bekanntesten klassischen (epischen wie sonstigen) Werke der neupersischen Dichtung wie z. B. des *Šāhnāme, Wīs u Rāmīn, Haft Paikar, Iskandarnāme* etc. Gerade solche unsichere Quellen sind es, die bei den oben genannten Personennamenbüchern oder Enzyklopädien als Vorlage gedient und so zu falschen Lesungen vieler Namen selbst in den neuesten Nachschlagewerken geführt haben – folglich zu einem Forschungszustand, dessen Aufhebung bzw. Richtigstellung erst nach Vorliegen kritischer Ausgaben

---

15 Im *Farhang-i Moʿīn* sind immerhin alle angeführten Orts- und Personennamen in lateinischer Schrift transkribiert worden, aber ihre Bezugsquellen sind nicht immer genannt. Beim *Luġatnāme-i Dihxodā* fehlt zwar die lateinische Transkription, aber die diakritischen Zeichen, die sogenannten *ʾiʿrāb*, sind immerhin signalisiert. Leider sind auch hier die Vorlagen nicht genau spezifiziert, dennoch sind nur einige, wenn auch meist unvollständige Textbeispiele angeführt, die eine kontextuelle Überprüfung des Lemmas zum Teil erleichtern. Das ältere *Burhān-i Qāṭiʿ*, in dem die Vorlagen nur sporadisch, bestenfalls nur dem Titel nach genannt sind, bietet sowohl in phonetischer als auch in texthistorischer Hinsicht immerhin relevante Vergleichsmöglichkeiten. Dies alles ändert aber nichts an der Tatsache, daß bei fast allen diesen Nachschlagewerken 1. ihre handschriftlichen oder edierten Vorlagen nicht näher angegeben und 2. kaum einer kritischen Kollation oder Edition unterzogen worden sind. Es würde uns aber zu weit führen, hier auf die Problematik der neupersischen Farhang- und Enzyklopädie-Tradition näher einzugehen; siehe hierzu die oben unter A. 11 angegebene Literatur.

16 Man denke auch an viele weitere, vor oder nach *Burhān-i Qāṭiʿ* in Indien entstandene Farhangs, Enzyklopädien und Luġatnāmes, wie z. B. *Farhang-i Ǧahāngīrī* (Anǧawī 1876), *Ġayāṯul-luġāt* und *Haft Qulzum*, die u. a. auch neupersische Namen enthalten; sie sind zwar, wie bereits erwähnt, als historische Texte wertvolle Quellen, aber sie haben leider oft dadurch, daß sie sich immer wieder unkritisch auf ihre Vorgänger beziehen, viele Namen in ihren problematischen Lesungen und zum Teil auch mit volksetymologischen Fehldeutungen weiter tradiert. Siehe oben A. 11 sowie unten A. 17.

z. B. der besagten Werke und nach langwierigen Sucharbeiten möglich sein wird[17].

Bei der Beschränkung der für das *NpPNB* in engere Wahl genommenen und bereits bearbeiteten Quellen auf die klassischen neupersischen *Epen* ließen sich demnach die oben angeführten, unzuverlässigen Personennamenbücher, Namenregister, Farhangs und Glossare nur insofern als Vergleichsquellen heranziehen, als sie gelegentlich eine variierende, texthistorisch interessante Lesung eines Personennamens aus den epischen Quellen vermitteln können. Ihr darüber hinausgehender Bestand an neupersischen Personennamen aus anderen literarischen Quellen und Gattungen mußten dagegen konsequenterweise unberücksichtigt bleiben[18].

Schließlich soll noch auf ein weiteres Problem in der neupersischen Namenforschung hingewiesen werden: auf die Unüberschaubarkeit der sehr umfangreichen Sekundärliteratur über die – allerdings meist bekannten – klassischen neupersischen Werke. Aus den in den Bibliographien angegebenen Hunderten von Titeln über Werke wie das *Šāhnāme, Garšāspnāme, Wīs u Rāmīn, Xosrau u Šīrīn, Haft Paikar,*

[17] Zwar wird im *Burhān-i Qāṭi'*, *Farhang-i Mo'īn* oder *Luġatnāme-i Dihxodā* des öfteren erwähnt, daß dieser oder jener Name laut *Šāhnāme* oder *Wīs u Rāmīn* etc. diese oder jene Persönlichkeit darstellt, doch vermißt man hier wie dort, wo die Quellen nur dem Titel nach angegeben sind, eine nähere Angabe darüber, welcher Handschrift bzw. Edition diese Namen samt ihren prosopographischen Daten entnommen sind, von manchen versuchten etymologischen (Fehl-)Deutungen gänzlich zu schweigen; siehe z. B. die volksetymologische Deutung des Lemmas *Ardešēr* (als *wütender Löwe*) im *Burhān-i Qāṭi'*, ihre Übernahme in den Anhang der *Šāhnāme*-Ausgabe MACANS (FIRDAUSI, 1 (C): Bd. IV, 2301 *Ardešēr*) und dessen unkritische Wiedergabe in dem Anhang der Täbriser Ausgabe, die ein Abdruck der Ausgabe MACANS zu sein scheint, sowie im *Farhang-i Mo'īn*; eine Richtigstellung erfolgt aber erst im *Luġatnāme-i Dihxodā*, Stichwort: *Ardešēr*. Zur Etymologie des Namens vgl. GIGNOUX 1986, II/46 Nr. 126. Siehe ferner die problematische Wiedergabe des Lemmas *Ābtīn* im *Farhang-i 'Amīd*, unter *Ātebīn*, wo ein Textbeleg für diese Lesung aus dem *Šāhnāme*, aber ohne jede weitere Spezifizierung der Vorlage, angeführt worden ist. Diese Lesung ist in keiner der von mir bearbeiteten *Šāhnāme*-Ausgaben anzutreffen, auch nicht in den o. a. Farhangs, und ist offensichtlich auf die Verwechslung der diakritischen Zeichen bei den Buchstaben /*b*/ und /*t*/ zurückzuführen. In den arabischen Quellen erscheint das Lamma als *Aṯfīyān* bzw. *Atfīyāl*, dazu siehe MATINI (1985), p. 105f.

[18] Zum Vergleich mit von mir für das *NpPNB* gesammelten Personennamen wurden folgende Nachschlagewerke und Farhangs herangezogen: *Burhān-i Qāṭi'*, *Farhang-i Mo'īn*, *Luġatnāme-i Dihxodā*, JUSTI 1895, WOLFF 1935, Namenregister der *Šāhnāme*-Ausgabe BERTEL'S' [*Šn* (Be)] und MACANS Glossar [*Šn* (C): Bd. IV.], sowie die bisher veröffentlichten Faszikel der *EncIran*.

Iskandarnāme (*Šarafnāme* + *Iqbālnāme*) etc. geht kaum hervor, ob und inwiefern eine Untersuchung sich mit diesen Quellen auch aus onomastischer Sicht auseinandersetzt[19]. Außer dem wertvollen Sammelband *Hezāre-ye Firdausī* (1944), in dem ein Gutteil der früheren Arbeiten besprochen oder zitiert wurde, und den Arbeiten KHALEGHI-MOTLAGS, in denen auch neuere Untersuchungen zum *Šāhnāme, Garšāspnāme* und auch zum *Farāmarznāme* diskutiert werden, liegt m. W. kein Forschungsbericht über diese umfangreiche Sekundärliteratur vor; auch fehlen kommentierte Bibliographien, denen man näheres über den Inhalt einzelner Arbeiten entnehmen könnte[20]. Zwar findet man nach langwieriger Sucharbeit hier und da in einzelnen Studien, Artikeln oder gar Einleitungen zu den einzelnen Epen aufschlußreiche Bemerkungen zum Wortlaut eines Lemmas[21]

---

[19] Abgesehen davon, daß eine genaue Überprüfung dessen, was an einzelnen neupersischen Personennamen in dieser tausendfachen Sekundärliteratur bereits untersucht worden ist, viele Jahre in Anspruch nehmen würde, haben meine Stichproben bei einigen Arbeiten zum *Šāhnāme* gezeigt, daß hierbei weder eine genaue Darstellung der Genealogien oder Stammbäume der im *Šāhnāme* vorkommenden Namen vorliegt – die von JUSTI im Anhang seines *Namenbuches* vermittelten Genealogien sind leider unvollständig –, noch einzelne Namen aus ihrem kontextuellen Problemzusammenhang her untersucht worden sind – vgl. NÖLDEKE (1904), ferner ṢAFĀ 1985b, 208ff. Für einen guten Teil der Sekundärliteratur zu den genannten Epen siehe NAWABI 1971, wo er z. B. allein für das *Šāhnāme* bis zum Jahre 1971 über 500 Titel nennt. Siehe ferner AFŠĀR 1977 und MOŠĀR 1965 u. 1974.

[20] *Hezāre-ye Firdausi* (1944), reprogr. Nachdruck 1983, im Text hiernach zitiert. In den einzelnen Beiträgen gehen die Autoren auf eine große Anzahl von Einzeluntersuchungen ein, die bis zum Kongreßdatum (1934) vor allem in Europa unternommen worden sind. Dadurch gibt die Sammlung einen guten Überblick über den damaligen Stand der *Šāhnāme*-Forschung. In der Folgezeit hat sich aber leider kaum jemand für zwischenzeitliche Forschungsberichte engagiert, deren Aufgabe es gewesen wäre, die ständig wachsenden Arbeiten systematisch zu besprechen bzw. thematisch zu gliedern. Die vorhandenen Bibliographien, so wertvoll sie auch sind, geben oft nur die Titel an, so die wertvolle Bibliographie NAWABIS (1971), vgl. IRAĞ AFSHĀR 1977. Einen guten Überblick über die *Šāhnāme*-Forschung in den letzten zwei Jahrzehnten bieten die von KHALEGHI-MOTLAGH (in den folgenden Anmerkungen zitiert als KHALEGHI) seit 1982 in *Iran Name* veröffentlichten Artikel, ganz besonders über die Problematik der Šāhnāme-Editionen und deren handschriftlichen Vorlagen, KHALEGHI (1982–1988); für weitere Literatur siehe ebda.

[21] So z. B. in den Artikeln KHALEGHIS zum *Šn* 1986/87, Nr. 2, 73 (*Sūdāve*), p. 253 (*Āhrīman*) usw. und zum *Faramarznāme*, 1982, 24, A. 14 und ṢAFĀ 1985b, 399ff. oder in MINORSKYS Artikeln zu *Wīs u Rāmīn*, in: *BSOAS*, 1947, XI 4, 1947, I, 1 und 1954, XVI, 1, p. 91f., hier zitiert nach der neupers. Übersetzung MOGHARRABĪS, Anhang zu *W u R* (Mh), 407ff.

oder zu einer möglichen Etymologie desselben[22] oder auch zur Prosopographie mancher Namen und deren historiographischem Wert[23], aber eine zusammenhängende Darstellung namenkundlicher Probleme eines Epos wie z. B. des *Šāhnāme* oder *Garšāspnāme* etc. wird sicherlich noch einige Zeit auf sich warten lassen, von einer Untersuchung jener onomastischen Problemen von im Umfeld des *Šāhnāme* stehenden, nur z. T. edierten (Klein) Epen wie *Barzūnāme, Farāmarznāme, Bahmannāme* etc., deren Namenbestände im direkten Zusammenhang mit dem Namengut des *Šāhnāme* stehen, ganz zu schweigen[24]. Immerhin stellen die grundlegenden älteren Arbeiten von NÖLDEKE und ETHÉ sowie die wertvolle Studie ṢAFĀS *Ḥamāse sarā'ī dar īrān*[25], die die Geschichte des Heldenepos in Iran von den ältesten Zeiten bis heute verfolgt – und bei seiner Quellenbesprechung eine Reihe bekannter Handschriften-Kataloge der europäischen Museen und iranistischer Untersuchungen mitberücksichtigt –, und KHALEGHI-MOTLAGHS im *Īrānnāme* publizierte Artikel zum *Šāhnāme, Garšāspnāme* und *Farāmarznāme*[26] zusammen mit den Literaturgeschichtswerken von ṢAFĀ, RYPKA, ETHÉ und HORN[27] sowie die Kataloge von RIEU, ETHÉ u. a. die vorläufige Basis zur Erforschung dieser im Umkreis des *Šāhnāme* stehenden Epen dar[28].

---

[22] Siehe z. B. NÖLDEKE 1904, in: *Gr.IP*, 130–211, *Kayūmarṯ*. Vgl. ṢAFĀ 1985b, 399ff. Siehe ferner F. MEIER 1963, 43ff. (*Mahsatī*).

[23] Hierzu liegen mehrere Einzeluntersuchungen vor, so z. B. einige Arbeiten über die Geschichte des iranischen Helden *Rustam* und deren Spiegelung in den Nebenüberlieferungen, siehe KHALEGHI 1983, besonders 182ff., dort weitere Literatur. Ferner ṢAFĀ 1985b, 391–629. Für weitere Arbeiten siehe dort wie auch bei NAVABĪ 1971.

[24] Wenn MINORSKY in seinen Artikeln zu *Wīs u Rāmīn* auf einige Personennamen wie *Mōbad* oder *Šahrū* etc. eingeht (407ff., zit. n. MUGHARRABĪs pers. Übersetzung) oder KHALEGHI in seinen Artikeln zu *Šāhnāme* (s. o. A. 21) und ṢAFĀ bei seiner Darstellung der einzelnen Hauptfiguren der klassischen Epen (1985b, 396–629) auch zu einigen problematischen Personennamen Stellung nimmt, bleiben doch viele weitere Namen in diesen Editionen oder Analysen im Hinblick auf ihre Gesamtproblematik völlig undiskutiert. Erst mit der Herausgabe des *NpPNB* würde die Basis für eine solche Gesamtdarstellung gelegt werden.

[25] NÖLDEKE 1904, in: *GrIP*, Bd. 2, 130–211; ETHÉ, *Gr.IP*, Bd. 2, 234f.; ṢAFĀ 1985b.

[26] KHALEGHI (1982–1988).

[27] ṢAFĀ (1985a, 1985b), RYPKA (1959), ETHÉ (1904), HORN (1897, 1909).

[28] RIEU (1879, 1895), ETHÉ (1889), RYPKA 1959 (engl. ed. 1968, dort weitere Lit.). Verwiesen sei hier auf weitere das *Šāhnāme* betreffende Artikel im *Iran Name*, Vol. I–Vol. VII, besonders von KHALEGHI, MATINI und nicht zuletzt von YARSHATER (1984/85), 191–213 (dort weitere Literatur).

Wenn ich nun bei diesem Stand der Forschung auf die Problematik dieser nur handschriftlich und/oder zum Teil ediert vorliegenden Epen als weiterer Quellen des *NpPNB* einzugehen versuche, so habe ich vor allem jene werkeditorischen Schwierigkeiten im Auge, die sich bei Sammlung der Personennamen, bei ihrer vollständigen Belegstellenangabe und der Rekonstruktion ihrer Prospographien ergeben haben. Auch hinsichtlich der in der ersten und zweiten Arbeitsphase behandelten edierten Epen sind noch einige ergänzende Bemerkungen zu machen, die nicht in meinen ersten Bericht aufgenommen werden konnten.

Alle von mir bearbeiteten Quellen aus dem primären Bereich der klassischen Epik lassen sich im Hinblick auf ihre werkeditorische Problematik in drei Gruppen aufgliedern, auf die dann näher einzugehen sein wird:

a) edierte (quasi kritische) Ausgaben
b) handschriftliche Quellen, von denen nur Teile gedruckt sind
c) nur handschriftlich vorliegende (Einzel-)Exemplare.

A) EDIERTE (QUASI KRITISCHE) AUSGABEN

Zu dieser Gruppe der Epen zählen in erster Linie Firdausīs *Šāhnāme*, dann Asadīs *Garšaspnāme*, Gurgānīs *Wīs u Rāmīn* und Niẓāmīs *Xosrau u Šīrīn, Haft Paikar* und *Iskandarnāme*, bestehend aus *Šarafnāme* und *Iqbālnāme*.

1. *Šāhnāme* (*Šn*: 4. Jh. n. H. = 10. Jh. n. Chr.):

Editionen:

The Shah Name. Ed. by Macan. 4 Vol., Calcutta 1829 (= C).
Le Livre des rois. Ed. Mohl. 7 Vol., Paris 1838–1878 (= M).
Firdusii liber regum qui inscribitur Schahname. Ed. J. A. Vullers. 3 Vol., Lugduni Batavorum 1878–1884 (= V).
Šāhnāme. [Hrsg.:] Ḥāǧī Aḥmad Āqā Tāǧir. Täbris. O. J. (= Tb).
Šāhnāme-i Firdausī. Ed. Bertel's und Nōšīṇ u. a., 9 Vol., Moskau 1963–1971 (= Be); die hier im apparatus criticus angegebenen Abkürzungen und Symbole für die benützten Handschriften und Ausgaben wurden von mir beibehalten, so: L für Londoner Hs. dat. 675 n. H. (= Add. 21,103), I für Leningrader Hs. dat. 733 n. H., IV für die Hs. der Akad. d. Wiss. d.

UdSSR, dat. 849 n. H., VI für die Hs. der Akad. d. Wiss. d. UdSSR, o. D., ca. 850 n. H., B für die arabische Übersetzung Al-Bandārīs, dat. 624 n. H., K für die Kairoer Hs., T für die Teheraner Ausgabe von Nafīsī u. Dabīr Siyāqī; Näheres siehe Be (Einleitungen zum Bd. 1 u. 9).

Handschriften:

Folgende Handschriften wurden auf ihren Umfang hin gesichtet und bei variierenden Lesungen archaischer Namen selektiv herangezogen:
Add. 21,103 (Rieu II, p. 533) – Or. 2926 (Rieu: *Suppl.*, p. 129, No. 196) – Or. 11.842 u. 11.843 (Meredith-Owens 1968, p. 74 und Titley 1977, p. 52, No. 122) – Or. 12.084, 12.085 u. 12.086 (M.-Owens 1968, p. 74 sowie Titley 1977, p. 52, No. 123) – Or. 4906 (Rieu: *Suppl.* p. 127, No. 195) – Add. 27,258 (Rieu: II, p. 537, Mohls Einl. zu *Šn.* p. 82; Vorlage für C), Or. 1403 u. Add. 12.688 (Titley 1977, p. 50, No. 117, p. 53, No. 127, ferner Rieu II, p. 534 sowie M.-Owens 1968, p. 75, ferner Mohls Einl. zu *Šn* p. xvi, xxix, xxxvi, Lxxxv).

Über die Problematik der für das *NpPNB* zugrundegelegten (kritischen) Editionen des *Šāhnāme* habe ich bereits berichtet[29]. Ergänzend dazu ist zu erwähnen, daß inzwischen eine neue kritische Ausgabe von KHALEGHI-MOTLAGH in Hamburg vorbereitet wird, die nicht nur die bisherigen Editionen berücksichtigen soll, sondern neben 26 Handschriften auch die neulich in Florenz entdeckte Handschrift aus dem Jahre 614 n. H. (= 1217 n. Chr.) als die älteste bisher bekannte miteinbezieht[30]. In einer Reihe von Artikeln hat sich KHALEGHI-MOTLAGH mit der Problematik mehrerer Handschriften des *Šāhnāme* auseinandergesetzt und dabei nach ihrer ausführlichen Beschreibung gezeigt, wie die bisherigen Editionen unter mangelnder

[29] Siehe RASTEGAR 1987, 81ff.

[30] Siehe hierzu KHALEGHI, 1984/85, Nr. 1–2 sowie 1985/86, 1–3 (s. dazu PIEMONTESE 1980) und 1986/87, Nr. 1–3. Ein ausführlicher Artikel von KHALEGHI über die in Florenz entdeckte Handschrift soll sich für die Publikation im *Iran Name* im Druck befinden. Die beiden ersten Bände der neuen kritischen Ausgabe des *Šāhnāme* sollen noch in d. J. bei der State University of New York Press erscheinen; die restlichen vier Bände dann in den nächsten 4 Jahren.

Textkritik leiden. Hinsichtlich der beiden, immer noch als die umfangreichsten geltenden Handschriften des *Šāhnāme* (British Library, Or. 2926 und ADD 27,258), die auch Episoden aus dem *Garšāspnāme, Barzūnāme, Kok-i Kōhzād, Bānū Gušaspnāme, Farāmarznāme* und den anderen Kleinepen aus dem Umkreis des *Šāhnāme* beinhalten, hat er aber nur eine kurze Beschreibung und Kritik, vorwiegend das *Farāmarznāme* betreffend, unternommen[31].

2. *Garšāspnāme* (*Gn*: 5. Jh. n. H. = 11 Jh. n. Chr.):

Editionen:

Le Livre de Gerchasp. Ed. C. Huart. Tom 1, Paris 1926 (= H)[32].
Garšāspnāme. Ed. Yaġmā'ī, Teheran 1938 (= 1317 n. H. š.) (= Y)[33].
[Vergleichsweise herangezogen: *Sarguzašt-i Ǧamšēd*, als Anhang zu *Šn*-Ausgabe (C), 2099–2133, sowie zu Täbriser Ausgabe (= Tb).

Handschriften:

Bei abweichenden Lesungen selektiv herangezogen:
Or. 2780 (L 1; aus dem Jahr 800 n. H. = 1397 n. Chr.; ca. 8000 Verse)[34]: Fol. 1b, line 1, beginnend mit dem Vers:

سپاس از خدا ایزد رهنمای   که ازکاف ونون کردکیتی بپای

und endend auf dem Fol. 40b, line 32, mit dem Schlußwort:

تمام شد کرشاسپ نامه ...

[31] Khaleghi 1981, 1983a, 1983b, 1984/85, 1985/86 und 1986/87; auf seine Aufsätze sei daher grundsätzlich verwiesen. Bezüglich der beiden Hs. Or. 2926 u. Add 27,258 siehe Khaleghi 1982, 25ff., A. 22 und 1984/85, Nr. 2, 259f.; für die Beschreibung der Handschriften siehe Rieu 1879 u. 1895 unter den o. a. No. Vgl. ferner Ṣafā 1985b, 160–342.

[32] Für die von Huart benützten Handschriften siehe ebda, Einleitung. Über die Edition Huarts siehe ferner Rez. Uto v. Melzers, in: *WZKM 38*, 285–286.

[33] Für die von Yaġmā'ī benützten Handschriften siehe ebda, Einleitung.

[34] Diese Handschrift liegt Huards Ausgabe zugrunde, hierzu und zu den weiteren Handschriften des *Gn* siehe Yaġmā'īs Einleitung zu *Garšāspnāme*, XVIf.

Die in den *Šn*-Handschriften vorkommenden Teile des *Gn*:
Or. 4906 (L2; 17. Jh.; ca. 9000 Verse): Fol. 10a, line 24), beginnend mit dem Vers:

ز کردار کرشاسپ اندر جهان   یکی نامه بد یادکار از مهان

(entspricht M **5** n. 37), aber die eigentliche Geschichte beginnt mit den Versen (Fol. 10b, line 19f.):

سراینده دهقان موبدنژاد   زکفت دکر موبدان کرد یاد
که برشاه جم چون شدآشفته بخت   بناکام ضحاك را داد تخت

und wird fortgesetzt bis 68b, line 22, wo auch Teile des *Šn* eingefügt sind; weitere Fortsetzung vom Fol. 73a,/ line 25 bis zum Schluß am Fol. 102b, / line 21 (entspricht: M **6** vor 2; die zwischen den Versen: **5** 37 und **6** 2 liegenden Episoden aus dem *Šn*-Text fehlen in dieser Handschrift). [RIEU: *Suppl.*, No. 195 / I, p. 127f.].
Or. 2926 (L3; 1246–1249 n. H. = 1830–33 n. Chr.; ca. 6000 Verse): Fol. 15a, line 23, beginnend mit dem Vers:

سراینده دهقان موبد نژاد   ز کفت دکر موبدان کرد یاد

(entspr. M **5** n. 110) und endend auf dem Fol. 54b, line 6 (dazwischen sind mehrere Textstellen des *Šn* eingefügt), mit:

وزان پس خبر بافریدون رسید   که کرشاسپ شد ازجهان ناپدید

wobei es sich bei dem Fol. 42b, von der 2. bis zur 25. Zeile um eine Wiederholung der *Šn*-Verse auf dem Fol. 15a, line 23, handelt [RIEU: *Suppl.*, P. 129, No. 196/I].

Von diesem, nach einem Hinweis in *Tārix-i Sīstān*[35] einst sehr umfangreichen Epos gibt es zahlreiche Handschriften, die aber von ihrem ursprünglichen Umfang viel eingebüßt haben, und nur zwei Editionen: die Ausgabe HUARTS (H), von der nur Band I erschienen ist, und die relativ vollständige Edition YAĠMĀ'ĪS (Y)[36]. Für eine

---

[35] *Tārīḫ-i Sīstān*, 35 (vgl. ṢAFĀ 1985b, 96). Hinsichtlich der ursprünglichen Fassung des *Garšāspnāme* siehe ferner ṢAFĀ 1985a, Bd. 2, 364 und 1985b, 283–289. Vgl. MOHLS Einl. zu *Šn* (M) Bd. I, LVIII sowie RYPKA 1959, p. 150.

[36] HUART (s. ASADĪ *Gn* 1), dazu die Rez. UTO VON MELZERS in: *WZKM* 38, 285–286. YAĠMĀ'Ī (s. ASADĪ *Gn* 2). Für die beiden Editionen sind insgesamt 10 Manuskripte verglichen worden (s. ebda). Ctf. RASTEGAR 1987, 82f. Für nähere Details zum Epos s. ṢAFĀ 1985b, 283–289, RYPKA 1959, 164–169. Weitere Literatur dort; s. ferner KHALEGHI 1983b.

durchgehende Belegstellenangabe im *NpPNB* konnte daher nur YAĠMĀ'ĪS Edition zugrundegelegt und die von HUART (nur Band 1) vergleichend herangezogen werden[37]. Um die Varianten eines Lemmas in den nur selektiv herangezogenen Handschriften zu belegen, wurden die Manuskripte nach ihren Katalog- und Folio-Nummern zitiert, ansonsten wurden die sowohl bei HUART als auch bei YAĠMĀ'Ī im apparatus criticus zitierten Handschriften unter Beibehaltung ihrer Symbole und Abkürzungen wiedergegeben[38].

3. *Wīs u Rāmīn* (*WuR*: 5. Jh. n. H. = 11. Jh. n. Chr.):

Editionen:

Vis va Ramin of Fakhr al-din Gurgani. Ed. K. S. Aíní. Teheran 1970 (= 1349 h. š.) (= Teh.). Dieser kritischen Ausgabe liegen 12 Hs. zugrunde, darunter eine georgische Übersetzung, die kurz nach Entstehung des neupers. Textes (5. Jh. n. H./12. Jh. n. Chr.) erfolgt sein soll[39]. Auch folgende Editionen sind berücksichtigt:

Wís o Rámín. Ed. W. N. Less./Ahmad Ali. Calcutta 1865 (= C).

Vis and Ramin. Ed. by Minovi. First Vol.: Text. Teheran: Beroukhim. 1935 (= 1314 h. š.) (= Mi bzw. P).

Wīs u Rāmīn. Ed. Maḥǧūb, Teheran 1959 (1337 h. š.) (= Mh).

Für die Belegstellenangabe im *NpPNB* wurde die bisher beste kritische Ausgabe von Magali A. Todua, ed. Aíní (Teh) zugrundege-

[37] Der im Anhang der *Šāhnāme*-Ausgabe MACANS (C: Bd. IV, 2099–2133) gedruckte unvollständige Text des *Garšāspnāme* (mit der Überschrift: *Sarguzašt-i Ǧamšēd*) und der im Anhang der Täbrizer Ausgabe (Tb) konnten wegen größerer Text-Differenzen bei abweichenden Lesungen eines Namens nur selektiv mitberücksichtigt werden; dies gilt auch für die in die mir zur Verfügung gestandenen *Šāhnāme*-Manuskripte mitintegrierten Episoden von *Garšāspnāme*, Or. 4909 und Or. 2926 (RIEU: *Suppl.*, p. 127, No. 195 und p. 129, No. 196), sowie die Handschrift Or. 2780 (RIEU: Suppl. No. 201/I, p. 134). Auf eine darüber hinausgehende Berücksichtigung von weiteren, für die genannten Ausgaben nicht mehr benützten Handschriften wurde aus Zeitgründen verzichtet; näheres siehe RASTEGAR 1987, 82f.

[38] Diese Zitierweise gilt auch für die handschriftlichen Vorlagen aller für das *NpPNB* behandelten Epen. Siehe ferner RASTEGAR 1987, 81ff.

[39] Näheres zur georgischen Handschrift siehe MINORSKY 1947–54, zitiert nach MUGHARRABĪS neupers. Übersetzung in *W u R*, Mh., 393f.; siehe ferner die Einleitung zur *W u R*, Teh., XXVIIIf.

legt, und die drei weiteren, oben angeführten Editionen: die ältere Calcuttaer Ausgabe (C), die an der Pariser Handschrift orientierte Edition Mīnovīs (Mi bzw. P) sowie die Edition Maḥǧūbs (Mh), wurden vergleichend herangezogen[40]. Um bei der Registrierung von Belegstellen eine ständige Seitenangabe zu vermeiden, markierte ich die einzelnen Abschnitte der kritischen Ausgabe Teheran entsprechend den jeweiligen Verszählungen und in der selben Anordnung, wie sie im Inhaltsverzeichnis aufgegliedert sind, mit den Ziffern 1 bis 112 und das Schlußwort mit *Schl*; nur beim Abschnitt 18 (=Seite 76–84) mußte ich – entsprechend der Verszählung der Ausgabe – die im Inhaltsverzeichnis fehlende Unterabteilung mit 18b markieren und dabei auch die falsche Verszählung im Text (Seite 80) korrigieren. Beim Zitieren der variae lectiones, wie sie im apparatus criticus angemerkt sind, behielt ich die Symbole und Abkürzungen der Teheraner Ausgabe bei[41].

4. *Xosrau u Šīrīn* (*XŠ*: 577 n. H. = 1180–1 n. Chr.):

Editionen:

Xosrau u Šīrīn, in: Xamse-ye Niẓāmī, Bombay 1908–1911 (=1325–1328 h. š.), 48–194 (=B).
Xosrau u Šīrīn, in: Kolliyāt-i Xamse-ye Niẓāmī, Teheran, Amīr Kabīr 1963 (=1341 h. š.), 119–423 (=A).
Xosrau u Šīrīn, in: Dīwān-i Kāmil-i Niẓāmī, Teheran, Intešārāt-i Zarrīn, o. D. (2. Aufl. 1983 =1362 h. š.), 94–349 (=Z).
Nisami: Chosrau wa Schirin, ed. Wahīd Dastǧerdī, Teheran, Armaġān 1934 (=1313 h. š.) (=D).

Die o. a. Editionen wurden vergleichend bearbeitet, für die Belegstellenangabe legte ich die allgemein zugängliche Ausgabe Amīr-Kabīrs (A) zugrunde; zitiert wurde nach Seiten mit von mir vorgenommener Versezählung. Auch hier wurden die abweichenden Lesungen, sofern sie im Text (so bei A und Z) oder im apparatus criticus (so

[40] Für die der jeweiligen Ausgabe zugrundeliegenden Handschriften, ihre Abkürzungen und Symbole siehe ebda, jeweils die Einleitung.

[41] Zum Epos selbst siehe Ṣafā 1985a, 370–383; ferner J. C. Bürgel (1979), weitere Literatur siehe dort, sowie Rypka 1959, 175ff.

bei D) wiedergegeben worden sind, mitaufgezeichnet. Mit Ausnahme der relativ zuverlässigen Ausgabe Dastǧirdīs, die aber leider vergriffen ist – daher die Belegstellenangabe nach A –, sind die drei weiteren Ausgaben keinesfalls zufriedenstellend; notgedrungen dürften sie jedoch zusammen mit Dastǧirdīs Edition als die vorläufige Basis für die Namensammlung betrachtet werden[42].

5. *Haft Paikar* (*HP*: 593 n. H. / 1197 n. Chr.):

Editionen:

Heft Peiker. Ein romantisches Epos des Niẓāmī Ganǧe'ī. Hrsg. v. Ritter/Rypka. Leipzig 1936 (= R).
Kitāb-i Bahrāmnāme, in: Xamse-ye Niẓāmī, Bombay 1908–1911 (= 1325–1328 h. š.), 1–114 (= B bzw. Bx).
Haft Paikar, in: Kulliyāt-i Niẓāmī. Teheran, Amīr Kabīr 1963 (= 1341 h. š.), 599–835 (= A, Kl. bzw. Kul. – so im app. crit. von R).
Haft Paikar, in: Dīwān-i Niẓāmī, Teheran: Intešārāt-i Zarrīn, o. D. (2. Aufl.: 1983 = 1362 h. š.), 497–695 (= Z).

Für die Belegstellenangabe wurde die relativ zuverlässige Ausgabe Ritters/Rypkas (R) zugrundegelegt, die weiteren o. a. Ausgaben wurden vergleichsweise herangezogen[43]. Zitiert wurde nach der Verszählung und den Nummern der Abschnitte der Ausgabe (R), 1–53, mit Einleitung I–XI und anhängenden Nachträgen und Verbesserungen 1*–43*. Bei der Ausgabe (R) liegen insgesamt folgende Handschriften zugrunde: 2 Hs. von Paris (Pa und Pe), 1 Hs. von Oxford (O), 3 Hs. von London (Le, Li, La), 1 Hs. vom India Office (I), 1 Hs. von Berlin (B), die Hs. von Fatih (F) sowie 3 Hss. von Aya Sofya (Sa, Se, Si), 1 Hs. von Istanbul (R), 1 Hs von Wien (V), aber auch der sehr alte Steindruck Bombay (1265 n. H.) (Bb)[44].

---

[42] Zum Epos s. Rypka 1959, 203 (weitere Lit. dort wie auch bei Nawabi 1971).

[43] Hinsichtlich des *Haft Paikar* siehe Rypka 1959, 204 u. 607 (Niẓāmī); vgl. die engl. Ed. 1968; dort wie auch bei Nawabi, 1971 weitere Literatur.

[44] Näheres zu den handschriftlichen Grundlagen siehe die jeweilige Ausgabe.

6. *Šarafnāme* (*Šrfn*: um 1200 n. Chr.):

Editionen:

Šarafnāme. Ed. ʿAlīzādeh/Bertel's. Baku 1947 (=Be).
Šarafnāme, in: Xamse-ye Niẓāmī. Bombay, 1908–1911 (=1325–1328 h. š.), 115–250 (=B).
Šarafnāme, in: Kulliyāt-i Niẓāmī. Teheran, Amīr Kabīr 1963 (=1341 h. š.), 837–1162 (=A).
Šarafnāme, in: Dīwān-i Niẓāmī, Teheran: Intešārāt-i Zarrīn, o. D. (2. Aufl. 1983=1362 h. š.), 696–972 (Z).

Die Belegstellen wurden entsprechend der Verszählung und der Nummer der Abschnitte der kritischen Ausgabe Baku (Be), und zwar von I–LXI, angegeben; korrigiert habe ich die wiederholte Nummer der Abschnitte XXV (p. 143) und XXV (p. 155) zu XXV und XXVI und beibehalten die im app. crit. angemerkten Symbole und Abkürzungen der Handschriften und Editionen[45].

7. *Iqbālnāme* (*Iqn*: um 1200 n. Chr.):

Editionen:

Iqbālnāme. Ed. Babaev/Bertel's. Baku 1947 (=Be).
Iqbālnāme, in: Xamse-ye Niẓāmī. Bombay, 1908–1911 (=1325–1328 h. š.), 251–334 (=B).
Iqbālnāme. H̱aradnāme-ye Iskandarī, in: Kulliyāt-i Niẓāmī. Teheran, Amīr Kabīr 1963 (=1341 h. š.), 1163–1338 (=A).
H̱aradnāme, in: Diwān-i Niẓāmī, Teheran, Intešārāt-i Zarrīn, o. D. (2. Aufl. 1983=1362 h. š.), 973–1117 (=Z).

Für die Belegstellenangabe wurde die quasi-kritische Ausgabe Baku (Be), der 10 Handschriften zugrundeliegen, nach der Verszählung und nach den Nummern der Abschnitte (I–XLII) zitiert, wobei die irrtümliche Numerierung des Abschnittes XXVI (p. 126) von mir auf XXIV richtiggestellt wurde. Die Abkürzungen und Symbole im app. crit. (von Be) wurden beim Zitieren beibehalten und die drei weiteren o. a. Editionen, sofern es sich um variae lectiones eines

[45] Zum Epos siehe Rypka 1959, 204, und Ṣafā 1985b, 344–352.

Lemmas handelte, nach Seiten und mit von mir vorgenommener Verszählung berücksichtigt[46].

Hierzu zählen *Barzūnāme, Farāmarznāme, Bahmannāme* und *Kok-i Kōhzād*. Außer den Erläuterungen RIEUs in seinem Katalog (dort nähere Beschreibung der Handschriften, aber auch weitere Hinweise auf ältere Arbeiten)[47], finden sich hinsichtlich dieser bislang weitgehend unbekannten, weil nur z. T. publizierten, in ihrer vorislamischen Tradition aber nicht weniger als *Šāhnāme* oder *Garšāspnāme* bedeutsamen Epen nur die kurzen Hinweise von MOHL in seiner Einleitung zu *Šāhnāme*, BLOCHET in seinem Katalog, ETHÉ und RYPKA in ihren Literaturgeschichtsbüchern[48] sowie die etwas ausführlicheren Kommentare ṢAFĀs[49] und, was *Farāmarznāme* angeht, die gründliche Besprechung KHALAGHI-MOTLAGHS im *Iran Name*[50]. Abgesehen von den sehr problematischen Teileditionen dieser Werke, müßte man einerseits die Probleme ihrer einzelnen, meist fragmentarisch erhalten gebliebenen Handschriften exemplarisch erörtern, wie dies von KHALEGHI-MOTLAGH für das *Farāmarznāme* vorgenommen worden ist, andererseits den vorislamischen epischen Gesamtkontext dieser Werke, den des *Ḫvadai-nāme*, ermitteln, wie dies einst von NÖLDEKE angedeutet und später von ṢAFĀ nur ansatzweise und im Umriß versucht wurde[51]. Daß wir hier nicht auf diesen Fragenkomplex näher eingehen können, dürfte angesichts des gewaltigen Umfangs dieser Werke evident sein. Zu diskutieren wären hier dennoch die uns vorliegenden Editionen und Handschriften im Hinblick auf ihre editorische Problematik bei der Sammlung der neupersischen Namen:

1. *Barzunāme* (*Brzn*: 5./6. Jh. n. H. = 11./12. Jh. n. Chr.):

Als Verfasser wird im allgemeinen ʿAṭā b. Yaʿqūb, Ḫvağe ʿAmīd, bekannt als ʿAṭāʾī-ye Rāzī, angegeben, doch wäre diese Zuordnung kaum zu belegen[52].

---

[46] Zum Epos siehe RYPKA 1959, 204 sowie ṢAFĀ 1985b, 347–352.

[47] RIEU 1879 und 1895; siehe unten B 1–4.

[48] MOHLS Einl. zu *Šn* (M) Bd. I; ETHÉ 1889, No. 511, ETHÉ 1904; BLOCHET 1928, Vol. III, p. 15, RYPKA 1959, 165f.; Näheres siehe unten B) 1–4.

[49] ṢAFĀ 1985b, 289–296, 303–310, 318–322.

[50] KHALEGHI 1982.

[51] NÖLDEKE, in: *Gr.IP*, Bd. 2, 130–211, ṢAFĀ 1985b, 58–73 sowie 75ff.

[52] Zum Epos und zu seinem Autor siehe ṢAFĀ 1985b, 303ff., ṢAFĀ 1985a, Bd. 2, 364 u. 477ff.; ferner MOHLS Einl.: *Šn* (M) Bd. I, LXIV–LXVII; BLOCHET

Editionen:

Ein Teil dieses ursprünglich über 65.000 Verse umfassenden Epos ist von MACAN als Anhang zu seiner *Šn*-Ausgabe mit der Überschrift: *Sarguzašt-i Barzū pisar-i Suhrāb* veröffentlicht worden [3.633 Verse; (C), Bd. IV, 2160–2296]. Einen Abdruck desselben bietet die Täbriser Ausgabe (Tb: A 19–58); Der an *Šn* anschließende Vers entspr.: *Šn* **13e** V f. n. 1335 [M f. n. 1388] (Be f. n. 1312, a IV: *Barzū*).

Handschriften:

Die folgenden drei Handschriften des *Šahnāme* enthalten unter anderem auch Teile des *Barzūnāme*:

a) Or. 4906 (L; 17. Jh.; ca. 4.000 Verse): Unterschrift auf dem Fol. 260 b, line 22: *āġāz-i dāstān-i Barzū-ye Suhrāb*, die Geschichte beginnt aber auf dem Fol. 261 a, line 6, entspr.: *Šn* **13e** [C u. V n. 1335 = M n. 1388 (Be n. 1312; a IV: Barzū] mit dem Vers:

کنون بشنوازمن توای زاد مرد   یکی داستانی پر از آز و درد

vgl. RIEU, *Suppl.*, p. 127 ff., No. 195/II, vgl. *Iḥyā 'ul-Mulūk*, Or. 2779, Fol. 13–15[53]] und endet auf dem Fol. 303, line 9, mit dem Vers:

چو از رزم برزو بپرداختم   زگودرز و پیران سخن ساختم

b) Or. 2926 (L 1; 19. Jh.; ca. 2.700 Verse): Ohne gesonderte Überschrift, beginnt auf dem Fol. 193 a, line 1, mit dem gleichen Vers wie o. beim Or. 4906 zitiert und endet auf dem Fol. 221 b, line 20, mit dem Vers:

چه از رزم برزو بپرداختم   ازین پس سیاوخش را ساختم

[vgl. RIEU, *Suppl.*, No. 196/VIII]. Die Anschlußstelle an das *Šn* entspricht **12c** (M) n. 1459 f.

c) Add. 27,258 (L 2; 17. Jh.; ca. 4.000 Verse): Zunächst auf

1928, Vol. III, p. 15–16; RYPKA 1959, 165 u. 590; ETHÉ 1904, *Gr.IP.*, Bd. 2, 234, RIEU 1895; No. 195, p. 127 ff. (Or. 4906, II, Fol. 261 a–303 a; vgl. Or. 2779, Fol. 13–15) und 196, p. 129 ff. (Or. 2926, VIII, Fol. 193 a–221 b); MACAN (*Šn* C: Bd. I: Introductory remarks: pp. XXV–XXX).

[53] Zu *Iḥyā'ul-Mulūk* s. ferner G. BERADZE and L. P. SMIRNOVA (1988).

dem Fol. 252a ist von Barzū die Rede, und zwar im 24. Vers (mit gleicher Anschlußstelle ans *Šn* wie beim Or. 4906):

چو از کار بیژن بپرداختم ز برزوی سهراب را ساختم

Die Geschichte beginnt auf dem Fol. 252b, line 1, mit dem gleichen, oben beim Or. 4906 zitierten Vers, wird aber dann auf dem Fol. 261a fortgesetzt und endet auf dem Fol. 301b, line 14, mit dem Vers:

بپایان رسانیدم این داستان بدانسان که بشنیدم از باستان

[vgl. Rieu 1879, Bd. 2, p. 537; Mohls Einl. zu *Šn*: (M) Bd. I, p. LXXXII)].
Auch bei der Handschrift Or. 11,842 [Meredith Owens 1968] finden wir die ans *Šn* anschließenden Vers wie beim Or. 4906 und Add. 27,258; aber die Geschichte selbst fehlt hier gänzlich.

Schließlich muß noch auf die sehr umfangreiche Pariser Handschrift (65.000 Verse) hingewiesen werden, die aus Zeitgründen nicht herangezogen werden konnte[54]. Aber auch bei den oben genannten Handschriften war eine durchgehende Belegstellenangabe wegen der größeren Textabweichungen nicht mehr möglich (vgl. z. B. Or. 4906, Fol. 267–270). Sie wurden, nachdem die Edition Macans für die Belegestellenangabe nach Seiten mit von mir vorgenommener Verszählung zitiert wurde, nur bei neuen Namen oder bei variierenden Lesungen vergleichend berücksichtigt. Die o. a. zum Teil edierten Handschriften enthalten aber einen nicht allzu geringen Teil des Namengutes dieses Epos, das im Vergleich zu *Šn* nur wenige neue Personennamen anbietet. In prosopographischer Hinsicht bietet das *Brzn* jedoch viele ergänzende Daten zu denen des *Šn*.

2) *Farāmarznāme* (*Fn*: 5./6. Jh. n. H. = 11./12. Jh. n. Chr.):

Der (bzw. die) Verfasser dieses ursprünglich sehr umfangreichen Epos, das nach einem Hinweis in *Tārīḫ-i Sīstān* 12 Bände umfaßt haben soll, ist (sind) noch unbekannt. Es erzählt die Geschichte des

[54] Eine Bearbeitung dieser Handschrift hätte selbst einige Jahre in Anspruch genommen. Für die Pariser Handschrift siehe Blochet 1928 a. a. O., Mohls Einl. zu *Šn* (M), a. a. O.; sonst siehe o. A. 52.

Farāmarz, des Sohnes Rustams, die seiner heroischen Feldzüge in Sīstān, in Indien, Tūrān und weiteren Gebieten Zentralasiens, und hängt thematisch mit einigen Episoden des *Šn*, des *Brzn*, des *Bānū Gušaspnāme* und des *Bahmannāme* zusammen[55]. Der ursprüngliche prosaische Text, auf den die späteren Tārīḫs und Dīwāns als *Aḫbār-i Farāmarz* hingewiesen haben, existiert nicht mehr (wie auch der des *Garšāspnāme*, des *Barzūnāme* und des *Bahmannāme*); er wurde aber von einem uns unbekannten Dichter, der sich als *bande-ye* [d. h. Sklave bzw. Ergebener (Schüler) von] *Firdausi* vorstellt, und der, wie Khaleghi-Motlagh vermutet, aus dem Dorf Forsābād (in der Nähe von Marv) stammen soll, in Verse übertragen[56]. Als Erzähler der *alten Geschichte* nennt dieser Dichter den *Āzād Sarv*, welcher auch Firdausi den Stoff für einige Episoden des *Šn* erzählt (oder vermutlich aus dem Mittelpersischen oder Frühneupersischen ins Neupersische übertragen) hatte[57]. Die Geschichte von Farāmarz ist aber nicht nur ins Neupersische, sondern auch in andere Überlieferungen weitertradiert worden, wie dies Khaleghi-Motlagh bei der armenischen Überlieferung konstatiert[58]. Es würde uns aber zu weit führen, hier auf diese auch für die Namenforschung interessanten Aspekte und auf weitere ähnliche spezifisch epische wie texthistorische Probleme des Werkes näher einzugehen, die bisher von Rieu, Ethé, Ṣafā, Rypka, Mohl, Blochet u. a. angesprochen und zuletzt am besten von Khaleghi-Motlagh in Umriß erörtert worden sind[59]. Dennoch müssen hier noch einige ergänzende Hinweise zu der vorliegenden Edition und den zwei erhalten gebliebenen handschriftlichen Fragmenten gegeben werden:

---

[55] Zum Epos s. Khaleghi 1982, Ṣafā 1985b, 294–296; *Tārīḫ-i Sīstān*, S. 7f., ferner unten A. 59.

[56] Khaleghi (1982, 30ff.) geht davon aus, daß die neupers. Fassung des Āzād Sarv dem Dichter vorgelegen haben muß, wie aus einigen Versen des Epos deutlich hervorgeht [*Fn*, Ed. Rustam Ibn Bahrām, 115, 1 (*Sarv*) und 130, 11 *(Āzād Sarv)*]; zu Āzād Sarv siehe Ṣafā 1985b, 80ff.

[57] Siehe Khaleghi 1982, 22f.

[58] Khaleghi 1982, 24f.

[59] Rieu, *Suppl.*, Or. 2926, No. 196/VI, p. 130, Or. 2946, No. 199/II, p. 132; Ethé 1889, nos. 1978–79, 1904: *Gr.IP.* Bd. 2, 234; Ṣafā 1985a, Bd. 2, 364, Ṣafā 1985b, 294–296; Rypka 1959, 165f.; Mohl, Einl. zum *Šn*: (M), XXXIV, XLIV; Blochet 1928, Bd. 3, 18; Khaleghi 1982 (dort weitere Lit.).

Editionen:

Vom *Farāmarznāme* gibt es nur eine einzige, sehr problematische und zudem längst vergriffene Edition (ca. 10.000 Verse): Kitāb-i Farāmarznāme pūr-i Rustam-i Zāl-i Zar. Ed. by Rustam ibn Bahram, pp. 464, lith. Bombay 1324 n. H. (=1906) [EDWARDS 1922, Faramurz-nāmah, sign. 14797 e. 47] (=*RB*).

Handschriften:

Or. 2926 (*FB*; 19. Jh.; ca. 1.500 Verse): Fol. 167b, line 3, beginnt mit dem Vers:

یکی روز با رامش می کسار   نشسته دلیران بر شهریار

und endet auf dem Fol. 179b, line 25, mit den Versen:

فرامرز از هند باز کشت   همه کیتی از وی پر آواز کشت
ازین پس چه عنبر دهن بویمت   ز سهراب و رستم سخن کویمت

[RIEU, *Suppl.*, p. 130, No. 196/VI].
Or. 2946 (*FL*; 17. Jh.; ca. 1.500 Verse). Fol. 50b (=p. 1b), line 1, beginnt mit der Überschrift: بنام دادکر und den folgenden Versen:

بنام خداوند روزی دهان   یکی قصه آرم برون از نهان
بتوفیق آن قادر کردکار   کنم نظمها چون در شاهوار
زمردی و جنگ فراموز کو   بکویم کنون داستانها شنو
یکی روز بارامش ومیکسار   نشسته دلیران بر شهریار

und endet auf dem Fol. 109a (=p. 60a), line 4, mit dem Vers:

هزاران دورود وهزاران ثنا   ز ما تن بتن بر سر انبیا

(und dem Kolophon: تمت تمام شد کار من نظام شد)
[vgl. RIEU, *Suppl.*, p. 133, No. 199/II].

Nach Worten RUSTAMS, des Sohnes des BAHRĀM SARŌS, aus der Stadt Taft (in der Nähe von Yazd) soll er um die Jahrhundertwende nach langwierigen Recherchen und weiten Reisen insgesamt vier handschriftliche Vorlagen in Iran und Indien gefunden haben, die die Geschichte von Farāmarz, von seiner Geburt bis zu seinem Tod, erzählten und die er für seine o. a. Edition zusammenfassen bzw. montieren konnte[60]. Außerdem benützte er für seine Edition auch

[60] Näheres hierzu siehe KHALEGHI 1982, 33ff.

einige Episoden aus dem *Šāhnāme*, die er selektiv hier und da zur Einleitung neuer *Episoden* oder, um den Übergang oft fragmentarischer bzw. nicht zusammenhängender Handlungsstränge aus dem *Bānū Gušaspnāme* (s. u.), *Farāmarznāme* und *Bahmannāme* (s. u.) zu glätten, manchmal auch mit einigen weiteren, wahrscheinlich von ihm selbst stammenden Versen eingefügt hat. So enthalten die ersten fünf Seiten seiner Edition (p. 1–5) Verse aus dem *Šn* (Einleitung = E), und die weiteren zwanzig Seiten die Episode von *Rustam und Babr-i Bayān*[61] [p. 5, Vers 5 bis p. 25, Vers 3 – vgl. Or. 2926, Fol. 112b, line 19/3 bis zum Fol. 116a, line 18; RIEU *Suppl.*, p. 130: No. 196/IV]. Auf Seite 25 beginnt er mit der Geschichte des Farāmarz und der Bānū Gušasp (Sohn und Tochter Rustams), welche Episoden aus dem *Bānū Gušaspnāme* (s. u.) wiedergibt. Auf der Seite 78 beginnt der erste Teil der eigentlichen Geschichte des Farāmarz. Sie wird bis zur Seite 157 (Vers 6–9) fortgesetzt [mit dazwischengestreuten Versen aus dem *Šn* (p. 159–291: *Šn* (M) **13** n. 255 und p. 296: *Šn* **13** 371, vor der Episode *Firōds*)]. Dieser Teil der Edition, der als ein wesentlicher Teil des ursprünglichen *Aḫbār-i Farāmarz* zu betrachten ist, umfaßt ca. 1.500 Verse und entspricht im großen und ganzen den beiden o. a. Handschriften Or. 2926 (*FB*, Fol. 167b, line 3 – Fol. 179b, line 25) und Or. 2946 (*FL*, Fol. 50b = 1b, line 1 – Fol. 109a = 60a, line 4); er beginnt und endet mit den gleichen, aber editorisch korrigierten Versen, wie sie oben bei der Hs. Or. 2946 zitiert wurden[62]. Der Namenbestand dieses Teils wurde beim Vergleich dieser drei Quellen (*FB, FL* u. *RB*) gesammelt; die Belegstellen wurden nach Seiten der Ausgabe *RB* mit von mir vorgenommener Verszählung zitiert. Der zweite, viel gewichtigere Teil des *Aḫbār-i Farāmarz*, von dem außer dieser Edition keine andere Vorlage mehr erhalten geblieben ist, fängt auf der Seite 157, Vers 10 an (mit Versen aus dem *Šn*, (M) **13** 256–371, *RB* p. 157–166*) und endet mit einer weiteren an die Geschichte Bahmans im *Šn* anschließenden, auch im *Bahmannāme* vorkommenden Episode auf Seite 450 (entspricht: *Šn* **16** 108); die-

[61] Zu dieser Episode siehe KHALEGHI 1988 (Nr. 1 u. 2; ferner 1982, 33ff.).

[62] Hier lauten sie:

بنام خداوند روزی رسان   یکی قصه آرم برون از نهان
بتوفیق آن قادر کردکار   کنم نظمها چون در شاهوار
ز مردی وجنگ فرامرز کرد   ز کیتی چنان کوی دولت ببرد
یکی روز با رامش ومیکسار   نشسته دلیران بر شهریار

ser Teil umfaßt ca. 7.000 Verse[63]. Als einzig erhaltener gebliebener Text wurde der weitere Namenbestand nur nach *RB*, nach Seiten mit von mir vorgenommener Verszählung, gesammelt und systematisiert. Bei der Belegstellenangabe nach *BR* mußte bei Bewahrung der Originalität der Seitenzählung doch die mehrmalige falsche Seitennummer wie folgt korrigiert bzw. mit besonderen Kennzeichen berücksichtigt werden:

Die wiederholte Seitenzählung nach 165 (146–170) wurde auf 166*–194* korrigiert und die erneute Wiederholung ab Seite 194* (= falsche Seitenzählung 171) mit 171b, 172b usw. bis 216b markiert (es sind insgesamt 24 Seiten mit falschen Ziffern). Die erneute fehlerhafte Seitenzählung der Ausgabe nach der Seite 216b, nämlich die Seitennummer 219 und so auch die darauf folgenden weiteren falschen Seitennummern: 221, 221, 222, 223 wurden mit 219c 221c, 221cc, 222c, 223c usw. kenntlich gemacht (es sind hier 26 Seiten mit falschen Ziffern). Bei den weiteren, nur fallweise vorkommenden Fehlern habe ich bei der Belegstellenangabe sowohl die falsche als auch die korrigierte Seitenzahl angegeben: Die auf Seite 240c folgenden Seiten sind numeriert mit 141, 242, 143, 144, 245, die nun markiert wurden auf 141/241c, 242c, 143/243c, 144/244c, und nach der Seite 322: 324/323c–325/325c, 326c, 326/326c, sowie 329/328c, 330/329c, 330/330c. Auch die nicht seltenen Druckfehler, sofern sie die Personennamen betreffen, wurden bei textgetreuer Wiedergabe der (fehlerhaften) Varianten als solche [*DF?*] angedeutet.

3. *Bahmannāme* (*Bn*: 5./6. Jh. n. H. = 11./12. Jh. n. Chr.):

Als Verfasser dieses Epos wird Ḥakīm Īrānšāh ibn Abī al-Ḫair angenommen[64].

Editionen:

Auch von *Bn* gibt es nur eine einzige, ebenfalls problematische und außerdem längst vergriffene Edition (ca. 10.000 Verse):

---

[63] Hinsichtlich der texthistorischen Bedeutung der beiden Teile des *Farāmarznāme* siehe KHALEGHI 1982, 25–42.

[64] Zum *Bn* und zu seinem Verfasser siehe ṢAFĀ (1985a, Bd. 2, 363f.; 1985b, 289–294, dort weitere Lit.); MOHLS Einl. zu *Šn*, Bd. I, XXXIV, L; RYPKA 1959, 165f., ETHÉ, *Gr.IP.*, Bd. 2, 234, BLOCHET 1928, Vol. 3, p. 17, RIEU, *Suppl.*, p. 131 No. 197/II.: Or. 2976, Fol. 62a–133a; p. 135, No. 201/III., Or. 2780, Fol. 134–187, *Tārīḫ-i Sīstān*, p. 34, A. 2, *Muǧmal'at-tawārīḫ*, p. 2 und 92.

Kitāb-i Bahmannāme. Ed. by Rustam ibn Bahrām. pp. 552, lith. Bombay 1325 n. H. (=1907) [EDWARDS 1922, Bahmannāme, sign. 14797 e. 44.], (=RB)

Handschriften:

Or. 2780 (BnL1; 800 n. H. = 1397 n. Chr.; ca. 10.000 Verse), beginnt auf dem Fol. 134b, line 1, mit den Versen:

سپاس از خدا ایزد رهنمای　　که از کاف و نون کرد کیتی بپای
یکی کش نه یار ونه انباز بوذ　　نش آغاز باشد نه انجام بوذ

Die eigentliche Geschichte fängt aber auf dem Fol. 136a, line 9, mit den folgenden Versen an:

چنین کفت دهقان موبذنژاد　　چو بر ما در داستان برکشاد
که تاج از کیومرث فرخنده پی　　یکایك بیامذ بکاوس کی

und endet auf dem Fol. 188, anschließend an die Geschichte Humāy, der Tochter Bahmans, mit dem Vers:

ببخش و بخور کین سرای سپنج　　یکی دیکری را نهان کرده کنج

[RIEU *Suppl.* p. 133ff., No. 201: Or. 2780/III – p. 135ff., dort weitere Literatur],
Or. 2976 (BnL2; 19. Jh.; ca. 9.500 Verse): Fol. 62a, beginnt mit dem Vers:

نخستین سخن نام دادار داد　　که بی یاد او نامها هست یاد
خداوند دانای پرورده‌کار　　رساننده روزی مور و مار

und mit der Überschrift, ebda, line 2 u. 3:

درستایش کردن باریتعالی وآغاز داستان بهمن نامه ...

Die Geschichte selbst wird eingeleitet mit den Versen:

ز کردار این نامور شهر یار　　بیاد آمدم بهمن اسفندیار
که او با فرامرز رستم چه کرد　　چهل سال بازو بر آورد کرد
دلم آرزو کرد این داستان　　بنظم آرم از کفته باستان

und endet auf dem Fol. 133a, line 14, ebenfalls an die Geschichte Humāys anschließend mit dem Vers:

کنون باز کردم بکار همای　　ولیعهد بهمن چه بکرفت جای

[RIEU, *Suppl.*, p. 131f., No. 197/II; vgl. *Iḥyā -'ul Mulūk*, Or. 2779, Fol. 19–21].

Außer den in den o. a. Arbeiten gegebenen kurzen Kommentaren gibt es keine Untersuchung, die sich mit der Problematik der oben genannten Handschriften und der Edition auseinandersetzt. Auch über die Entstehungszeit und den Autor des Epos hat man keine neueren Erkenntnisse als die von RIEU und zuletzt von ṢAFĀ vorgeschlagenen Daten und Annahmen[65]. Zwar will ṢAFĀ die Entstehungszeit des Epos um 490 n. H. festlegen, aber eine spätere Überarbeitung durch den Autor um 500 n. H. schließt er nicht aus[66]. Von diesem Epos, das die Geschichte Bahmans, des Sohnes Isfandyārs, erzählt, soll es – wie bei den meisten im Kontext des *Ḫvadai-nāme* stehenden epischen Überlieferungen – frühere Vorlagen (*Aḫbār-i Bahman*) gegeben haben, wie dies aus den Hinweisen im *Tārīḫ-i Sīstān* und *Muǧmal'at-tawārīḫ* hervorgeht. Eine kurze Beschreibung der Überlieferung und deren Bearbeitung durch Irānšāh oder einen anderen Dichter, nämlich Ǧamālī Mīhrīǧirdī, dem auch das *Bn* zugeschrieben wird, hat ṢAFĀ vorgenommen[67]. Die epische Bedeutung dieses klassischen Werkes, das in thematischer Hinsicht auch Episoden aus dem *Fn* und dem *Āḏbn* involviert, ist vom Umfang seines iranischen, vorislamischen Stoffes her (ca. 10.000 Verse), vom mythischen sowie ansetzenden historischen Gehalt (gegen Ende der Achämenidenära) und auch vom Poetischen her nicht geringer als die des *Brzn* oder *Fn*. Es verdient daher eine gründlichere thematische Behandlung als es sonst in den bisherigen Literaturgeschichtswerken oder Einzeluntersuchungen erfährt. Die erhalten gebliebenen o. a. Handschriften und die einzige Edition des Werkes sind jedoch sehr problematisch und bedürfen daher zunächst einer eingehenden Untersuchung, Erörterung und Korrektur, die aber nur in einer gesonderten Untersuchung zu leisten wäre[68]. Zu erwähnen ist hier zum Schluß der Hinweis RUSTAM IBN BAHRĀMS (*RB*, 551, Vers 3ff.), daß es ihm nach langem Suchen gelungen war, zunächst eine fragmentarische Handschrift des *Bn* aus Iran nach Bombay schicken zu lassen.

[65] Siehe o. A. 64.

[66] ṢAFĀ 1985b, 290ff.

[67] ṢAFĀ 1985a, Bd. 2, 363f., 1985b, 94–98, 108, 289–294. Vgl. RIEU, *Suppl.*, 135f.

[68] Bei meiner Besprechung des *Farāmarznāme* konnte ich oft auf die diesbezüglich gründlichere Vorarbeit KHALEGHIS verweisen und mich so auf die Erläuterung von nur editorischen Problemen beschränken. Hier hätte eine thematische Beschreibung des Epos nach den vorliegenden Texten den Rahmen dieses Artikels gesprengt. Daher werde ich in meinem nächsten Aufsatz auf den ganzen Problemzusammenhang (auch der Edition) näher eingehen.

Ein zweites, anscheinend umfangreicheres Manuskript hat er dann von einem zoroastrischen Mōbad bekommen, das „vor 127 Jahren" niedergeschrieben worden sei. Diese beiden Handschriften legte er seiner Edition zugrunde. Geht man nun vom Datum seiner Edition, 1907, aus und bringt ein Jahr für die Edition und vier Jahre für Zeitrechnungsdifferenzen in Abzug, so dürfte das zweite Manuskript, dessen Datum er wie oben andeutet, im Jahre 1785 geschrieben worden sein. Das erste Manuskript der British Library, Or. 2780, ist aber aus dem Jahre 1397 n. Chr. und das zweite, Or. 2976, aus dem Jahre 1836. Daher muß es sich bei seinen Vorlagen um zwei weitere Handschriften handeln, die man noch suchen müßte. Für unsere Namensammlung bieten die o. a. Quellen jedoch die vorläufig beste Basis, wobei der Edition RUSTAMs wiederum eine texthistorische Bedeutung zuzusprechen ist, solange seine handschriftlichen Vorlagen ausbleiben.

4. *Kok-i Kōhzād* (*KK*: 6. Jh. n. H. = 12. Jh. n. Chr.):

Der Verfasser und die Entstehungszeit dieses Epos, das ein Teil der überlieferten heroischen Sagen über den iranischen Nationalheld Rustam darstellt, sind uns unbekannt, doch könnte man die Zeit der neupersischen Umdichtung des Stoffes an Hand der lyrischen Sprachmerkmale des Textes im 6. Jh. n. H. in Ḫorāsān vermuten, wie ṢAFĀ dies mit mehreren Beispielen belegen will[69].

Editionen:

Von diesem kleinen Epos gibt es nur den von Macan im Anhang seiner *Šn*-Ausgabe veröffentlichten Teildruck (635 Verse): *Šn*: (C), Bd. IV, p. 2133–2158 [mit abschließenden Versen aus dem *Šn*, p. 2158–2160 entspr. (M) **20** Vers 1932–1955 u. **21** Vers

[69] Zum Epos siehe ṢAFĀ 1985b, 318–322; ETHÉ 1904, *Gr.IP.*, Bd. 2, 234. Wie ṢAFĀ anmerkt, hat es über den Rustam viele, einzelne heroische Sagen gegeben, die dann in der nachislamischen Ära der neupersischen epischen (Nach-)Dichtung von verschiedenen Autoren gesammelt und in Verse übertragen wurden. Die vorliegende Sage befaßt sich mit den ersten heroischen Taten des sehr jungen Rustam, als „dessen Mund noch nach Milch roch", besonders mit dessen Sieg über den bis dahin unbesiegbaren Kok-i Kōhzād, der – selbst aus „Aoġān" (Afghanistan) stammend – ein Heer von Balučīs in Sīstān anführte, mit dem Sitz in der auf einem sehr hohen Berg liegenden Burg namens „Marbād".

1–41], mit dem Titel: *Sarguzašt-i Rustam bā Kok-i Kōhzād*, beginnend mit den Versen:

کنون داستان کك کوهزاد بکویم که دارم بدانسان بیاد
چنین کفت دهقان دانش پژوه مراین داستان را ز پیشین کروه

und endend mit den Versen (C: p. 2158):

کذشتیم از رزم و پیکار کك که این رزم و کین در برم بد سبك
دل شهریار جهان شاد باد ز هر بد تن پاکش آزاد باد

Die Täbriser Ausgabe bietet fast einen Abdruck der Ausgabe Macans [Tb. Anhang, p. 12–18], beginnend und endend mit den gleichen Versen. Der beginnende Vers entspr. hier wie bei Macan und bei den u. a. Hs. der Anschlußstelle des *Šn*: **7** 1991f.

Handschriften:

Or. 2926 (*A'*; 19. Jh.; 1265 Verse): Ohne gesonderten Titel, beginnt auf dem Fol. 107b, line 23, mit den Versen:

کنون داستان کك کوهزاد بکو یم سراسر چو آمد بیاد
چنین کفت دهقان دانش پژوه که کوهیست نزدیك زابل کروه

und endet auf dem Fol. 112b, line 19/2 mit dem Vers:

بر آمد دل زال و رستم بغم برخساره راندند از دیده نم

[Riew *Suppl.*, No. 196/III; vgl. *Iḥyā 'ul-Mulūk*, Or. 2779, Fol. 11b].

Add. 27,258 (B; 17. Jh.; 688 Verse; Vorlage für C): Mit der Überschrift: *āġāz-i dāstān-i Kok-i Kōhzād* auf dem Fol. 59b, line 20, und dem beginnenden Vers:

کنون داستان كك کو هز ا د بکویم بدانسان که دارم بیاد
چنین کفت دهقان دانش پژوه مر این داستانرا ز پیشین کروه

Die Geschichte endet auf dem Fol. 67b, line 19, mit den folgenden Versen:

کذشتیم از رزم و پیکار کك که‌این رزم و کین در برم بد سبك
دل شهریار جهان شاد باد ز هر بد تن پاکش آزاد باد

[Rieu 1879, Bd. 2, p. 537].

Für die Belegstellenangabe wurde die Ausgabe Macans (C) zugrundegelegt und nach Seiten mit von mir vorgenommener Verszählung zitiert; die beiden im Umfang unterschiedlichen Handschriften wurden vergleichend und ergänzend dazu mitberücksichtigt.

C) HANDSCHRIFTLICHE EINZELEXEMPLARE

Aus der Reihe der im Umfeld des *Šāhnāme* bzw. im Kontext des *Ḫvadai-nāme* liegenden klassischen (Klein-)Epen sind einige, wenn auch meist fragmentarische Einzelexemplare erhalten geblieben. Hierzu gehören *Bānū Gušaspnāme, Āḏarbarzīnnāme, Šahryārnāme* und *Kōšnāme*.

1. *Bānū Gušaspnāme* (*BGn*: 5. Jh. n. H. = 11. Jh. n. Chr.):

Der Verfasser des *Bānū Gušaspnāme*, welches die Geschichte Bānū Gušasps, der Tochter Rustams [auch im Zusammenhang mit der ihres Bruders in *Fn* und *Bn*], erzählt, ist noch unbekannt, ebenso wie dessen Entstehungszeit. Nur so viel läßt sich anhand des Textes sagen, daß es sich bei dem Dichter um einen Muslim handelt[70]. Vom *BGn*, welches zu den wenigen iranischen Epen mit einer heroischen Frau als Hauptfigur zählt (vgl. die Episode *Gurdāfarīd* in *Šn*) sind nur Fragmente und diese oft als Teile des *Fn* und *Bn* erhalten geblieben. Bei RUSTAMS Ausgaben des *Fn* und *Bn* sind Teilepisoden von *BGn* in unterschiedlichen Handlungssträngen verstreut; eine Rekonstruktion des Urtextes, auch wenn man die ebenfalls fragmentarisch erhalten gebliebenen einzelnen Handschriften heranziehen würde, könnte nur schwer und gesondert erfolgen. Es handelt sich dabei um die Episoden in der *Šn*-Handschrift Or. 2926 (222 Verse)[71], um zwei Handschriften der Bodleiana, Quesseley 28 u. 29, und eine Pariser Handschrift mit ca. 900 Versen[72]. Die verstreuten Episoden des *BGn* in RUSTAMS Edition des *Fn* machen zusammen 1.058 Verse aus und stellen somit vom Umfang her den längsten Text dar. Da ich die in diesen Episoden vorkommenden Namen bereits bei *Fn* und *Bn* gesammelt hatte, behandelte ich nur noch die Handschrift der British Library Or. 2926, Fol. 249b, line 7 bis zum Fol. 251a, line 19,

[70] Zum Epos und zum Verfasser siehe ṢAFĀ 1985a, Bd. 2, 364 sowie 1985b, 300–302; ETHÉ 1889, Nos. 509 u. 510 sowie ETHÉ 1904, *Gr.IP.*, Bd. 2, 234; MOHLS Einl. zu *Šn*, a. a. O.; RIEU: *Suppl.*, No. 196/IX; BLOCHET 1928, Vol. II., 18f.; *Muǧmal al-tawārīḫ*, p. 25, 54, 92.

[71] Siehe unten A. 73.

[72] Näheres zu den genannten Handschriften siehe ṢAFĀ 1985B, p. 300–302.

und zwar nach von mir vorgenommener Verszählung von 1–222. Die Anschlußstelle entspricht dem *Šn* **12e** M zwischen 486–487.

Or. 2926:

(*L*; 19. Jh.; 222 Verse): Der Anfangvers (Fol. 249b, line 7) lautet:

چنین خواندم این دفتر دلنواز ز کفتار فرزانه سرفراز

Die Geschichte bricht unvermittelt beim 222. Vers (Fol. 251a, line 19) ab:

سوی پارس شدطوس و کودرز کیو چنان لشکر نام بردار نیو

Bei einer kritischen Edition des *Šāhnāme* müßte man im Zusammenhang mit den Teilen von *Bānū Gušaspnāme* einmal die Frage klären, ob nicht doch einige dieser Episoden zum Urtext des *Šn* gehören und aus der Feder Firdausis stammen, denn in den vorliegenden Editionen und Handschriften des *Šn* werden die bisher wiedergegebenen Episoden der Banū Gušasp an sich unvermittelt erzählt, was mit der von Firdausi sonst einheitlich angewandten Methode der Vorstellung und Einführung einer (wichtigeren) Person im Widerspruch steht[73]. Außerdem, so könnte man weiter argumentieren, hätte vielleicht die Verbreitung der Geschichte einer Frau, die ihren Gatten, den großen Helden Gēv, in der Hochzeitsnacht überwältigt und gebunden unter ihrem Bett in Verwahrung hält, nicht gerade dem Geschmack der *Šn*-Rezipienten am Hofe der Machthaber in den späteren Jahrhunderten entsprochen, als man das *Šn* mehrmals zu vervielfältigen begann. Diese Teile wären – mit Ausnahme einiger milderer Verse, die man dann im *Šn* beibehielt (etwa die Werbung der Recken um ihre Hand oder die Episode von der Geburt Bēžans etc.) – vielleicht deshalb durch spätere Abschreiber aus dem Epos Firdausīs verbannt worden.

2. *Āḏarbarzīnnāme* (*Āḏbn*: 5. Jh. n. H. = 11. Jh. n. Chr.):

Auch von diesem einst größeren Epos, das die Geschichte Āḏarbarzīn, des Sohnes des Farāmarz, und seiner Rachezüge gegen

[73] Man vgl. bei Or. 2926, Fol. 249b, line 17–22, wo die Geschichte von Šēde und Bānū Gušasp zusammengefaßt wiedergegeben ist – siehe dazu Rustams Ed. d. *Fn*, p. 44–58; siehe ferner *Šn* **12e** C u. V 548 [= M 544] (Be f. n. 3055), ferner 910 [= M 907] (Be f. n. 3341: A IV/23); 1136 [= M 1132] (Be f. n. 3527: I u. IV).

Bahman erzählt, ist nur ein kleineres Fragment von lediglich 318 Versen erhalten geblieben, aus dem weder der Name des Dichters noch näheres über die Entstehungszeit des Textes abzulesen ist[74]. Thematisch steht es jedenfalls im Zusammenhang mit dem *Fn* und dem *Bn*. In den Editionen RUSTAMS (*RB*) finden wir daher einige Episoden über Āḏarbarzīn, die wahrscheinlich zum Urtext des *Āḏbn* gehören, ähnlich wie wir dies auch beim *BGn* beobachten konnten. Während das Namengut dieser Episoden unter *Fn* und *Bn* mitregistriert wurde, wurde die einzige Handschrift der British Library auf ergänzende Daten hin gesondert bearbeitet:

Or. 2976:

(*L*; 19. Jh.; 318 Verse): Fol. 59b, line 15, mit der Überschrift:

آغاز داستان آذربرزين پور زال[sic!]و اين يك قسم آذر برزين نامه است

Demnach handelt es sich bei dieser Fassung um „eine Art des *Āḏarbarzīnnāme*“, die, wie RIEU und ṢAFĀ anmerken, nur eine Art Zusammenfassung eines umfangreicheren Textes darstellt. Auf dem Fol. 59b, line 15, beginnt diese Darstellung mit dem auch in *Fn* (*RB*, 450/10) und im *Bn* (*RB*, 291/10) vorkommenden Vers:

بزال ستمديده رفت آكهى كه كشت از فرامرز كيتى تهى

[Die Anschlußstelle der Or. 2976 (Fol. 59b, line 13) entspricht *Šn* **16** (M) n. 167; vgl. ferner *Šn* **16** C u V n. 133 = M n. 144 = Be n. 159 sowie **17** vor 2] und endet auf dem Fol. 61b, line 9, mit den Versen:

چوپرداخت برزين كار پدر سوى سيستان رفت با زيب فر
خرابه همه باز كرد آبدان هرى كرد از خوردنى همچنان

In der selben Handschrift beginnt dann im Anschluß an die oben zitierten zwei abschließenden Verse die Geschichte Bahmans mit dem Titel:

... آغاز داستان بهمن نامه و آذر برزين نامه و ...

[74] Zum Epos siehe ṢAFĀ 1985b, 315f., ṢAFĀ 1985a, Bd. 2, 365; RIEU: *Suppl.*, p. 131, No. 197/I; MOHLS *Einl.* zu *Šn*, a. a. O.

Der erneute Hinweis auf den Beginn des *Āḍbn* zusammen mit dem des *Bn* im Titel des letzteren verstärkt also die oben angedeutete Vermutung, daß es sich bei dieser Handschrift tatsächlich um eine Montage von Teilen der beiden Epen handelt, deren Trennung aber erst durch gründliche Untersuchung und in gesonderten Studien erfolgen kann. Für unsere Namensammlung wurden daher notgedrungen alle in den Handschriften und in den Editionen von *Fn* und *Bn* vorkommenden Personennamen unter dem *Fn* und *Bn* systematisiert und die in der Hs. Or. 2976 vorkommenden unter dem *Āḍbn*, und zwar nach der Folionummer und der von mir auf den Folios vorgenommenen Verszählungen [Fol. 59b u. 60a: Vers 1–146; Fol. 60b u. 61a: Vers 1–146; Fol. 61b: Vers 1–26].

3. *Šahryārnāme* (*Šhryn*: 5. Jh. n. H. = 11. Jh. n. Chr.):

In der British Library befindet sich ein Fragment des *Šahryārnāme*, aus dem hervorgeht, daß der Autor des Epos, Sarāğ 'ud-dīn ʿOṯmān ibn Muḫtārī-ye Ghaznawī (gest. 544 bzw. 554 n. H.), dieses Epos für Masʿūd Šāh (Regierungszeit: 492–508 n. H.) verfaßt habe; daraus kann man schließen, daß die Geschichte Šahryārs, des Sohnes des Barzū, hiermit zu einem vollständigen Werk umgedichtet worden sein muß. Um welche frühere Vorlage es sich bei Muḫtāris *Šhryn* gehandelt hat, die er als *nāme-ye Šahryār* bezeichnet und dessen Umarbeitung drei Jahre gedauert haben soll, bleibt unklar[75]. Wie Ṣafā anmerkt, soll ein anderes Manuskript des Epos von Prof. Čaykīn (استاد چایکین) in Teheran erworben und mit nach Moskau genommen worden sein[76]. Aus dieser Handschrift zitiert er 54 Verse nach dem handschriftlichen Auszug Nafīsīs, die ich zusammen mit jenen des Londoner Fragments bearbeitete:

Add. 24.095:

(*L*; ca. 17. Jh.; 710 Verse): Fol. 1a, line 6, mit der Überschrift:

جنك کردن فرامرز با ریحان زنکی و حمایت کردن سیه پوش

und dem beginnenden Vers:

چوآمد بمیدان کمان کرده زه   برخ پرده برده بر سر کره

[75] Näheres siehe Rieu 1879, Bd. 2, p. 542–543; ferner Ṣafā 1985b, p. 311f.
[76] Safā 1985b, p. 313.

und endet auf dem Fol. 14b, line 8, mit dem Vers:

بسر شد کنون نامه شهریار بتوفیق یزدان پروردکار

[Entspr. einer Anschlußstelle ans *Šn* 15 (M) 2181; vgl. RIEU, Bd. II, p. 542f.].

Wie auch hier aus der Überschrift und aus den darauf folgenden Versen hervorgeht, die die Kampfszene zwischen dem Farāmarz und dem Zangī, unterstützt vom Siyahpūš (= Schahryār), beschreiben, besteht zwischen dem *Šhryn* und dem *Fn* auch ein thematischer Zusammenhang, der wegen des fragmentarischen Charakters des Textes nicht näher bestimmt werden kann[77]. Für die Belegstellenangaben wurden die Verse numeriert von 1 bis 710.

4. *Kōšnāme* (*Kn*: gegen Ende des 5. Jh. n. H. = 11. Jh. n. Chr.):

Als Verfasser dieses Epos werden wie beim *Bn* zwei Namen erwähnt, Ḥakīm Īrānšāh ibn Abī al-Ḫair bzw. Ǧamālī Mihrīǧirdī[78]. Von diesem Epos gibt es eine einzige Handschrift, die aus dem Jahre 800 n. H. stammt und, wie wir schon sahen, auch das *Gn* und *Bn* enthält. In seinen zwei in *Iran Name* publizierten Artikeln hat sich J. MATINI, der eine Publikation des Epos nach dieser Handschrift vorbereitet, mit der Problematik des *Kōšnāme* näher befaßt; auf seine beiden Artikel sei daher grundsätzlich verwiesen[79]. Das Epos erzählt die Geschichte des Kōš-i pīl-dandān [bzw. Gōš-i pīl-dandān], dem Neffen Ẕuḥḥāks (etwa aus der Regierungszeit desselben und des Āfirēdūn); insofern ist es für die Namenforschung besonders bedeutsam, weil es im Vergleich zu den o. a. Kleinepen auf eine frühere, nämlich die prähistorische Zeit, und auf mythologische Personen Bezug nimmt. Der Namenbestand dieser Handschrift wurde gesam-

---

[77] Könnte man einmal das vorerwähnte Exemplar in Moskau ausfindig machen, so ließe sich hierüber sicherlich mehr in Erfahrung bringen.

[78] Zum Epos siehe die Erläuterungen und Kommentare von RIEU, *Suppl.*, 136f., No. 201/IV: Or. 2780; GOBINEAU 1869, T. 1, Paris 1869, pp. 139–144 sowie *Mélanges Asiatiques*. Vol. VI, p. 404 (zitiert nach:) ṢAFĀ 1985b, p. 297f. Zum Inhalt des Epos sowie zur o. a. Handschrift Or. 2780 siehe J. MATINI 1984/85, 290–300, und 1987, 1–14, hier weitere Literatur.

[79] Die Edition des *Kōšnāme* nach dieser einzigen Handschrift ist von J. MATINI bereits vorbereitet (s. MATINI, 1984/85, 290, A.), die, wie er mir vor kurzem brieflich mitgeteilt hat, demnächst veröffentlicht wird.

melt und nach Folio-Nummer mit für jedes Folio neu vorgenommener Verszählung zitiert:

Or. 2780:

(L; 800 n. H. = 1397 n. Chr.; ca. 10.000 Verse): Es beginnt auf dem Fol. 188b, line 1, mit dem Vers:

ترا ای خردمند روشنروان زبان کرده یزدان ازین سان روان

und fängt nach einer ausführlichen Einleitung im Stile des *Šn* (*Lob der Vernunft, Über die Vergänglichkeit der Welt* ›sprich Leben‹ usw.) mit der eigentlichen Überlieferung auf dem Fol. 190a, line 26, mit den folgenden Versen an:

درین داستان ژرف بنکر کنون جو برخواند از بیش تو رهنمون
جنین تا بکیتی جه کردست کوش سر مرزبانان فو لا د بوش

Der abschließende Vers auf dem Fol. 244b, line 24, lautet:

همه ساله دور از بد بدکمان شده زیردستان او [شادمان؟]

[Rieu, *Suppl.*, p. 136ff., Nr. 201/IV].

Mit der obigen Darstellung der Problematik einiger handschriftlicher Quellen unseres *NpPNB* als einer Vorauspublikation zu den bevorstehenden Faszikeln des *IPNB* konnten nur die allervordringlichsten Schwierigkeiten angesprochen und die formal notwendigsten Daten zu den bearbeiteten Vorlagen angeboten werden. Daß die o. a. Handschriften und ihre zum Teil vorliegenden Editionen sowohl in formaler als auch in inhaltlicher Hinsicht eine viel gründlichere, dem jeweiligen Epos gerecht werdende Behandlung verdienen, ist mir indes bewußt. Abschließend möchte ich noch den Verantwortlichen des Britischen Museums, der British Library, danken, die mir durch ihre freundliche Genehmigung den Zugang zu nicht nur o. a. Handschriften ermöglichten.

Wien, im September 1988 Nosratollah Rastegar

LITERATURVERZEICHNIS

ʿAbāsī (1966) — Moḥammad ʿAbāsī: *Farhang-e Nāmhā-ye Irān.* Dictionary of Iranian Names, Teherān. Bonyād, 1966, (5. Aufl. 1984).

ʿAbdul-Qādir (*AB*) — *ʿABDULQĀDIRI BAGDĀDENSIS LEXICON ŠĀHNĀMIANUM.* (*LxŠn*), Ed. C. Salemann. Tom. I, Pars 1, 1895.

Afshar (1977) — Īrağ Afšār: *Kitāb šināsī-ye Firdausī.* 2. Aufl. Teheran 2535 Šāh. (= 1974).

ʿAmīd (1958) — Ḥasan ʿAmīd: *Farhang-i ʿAmīd.* Kitābxāne-i Ibn-i Sīnā, Teheran, 1337 h. š. (1958). [18. Aufl., Amīr Kabīr 1362 h. š. (= 1983): *Farhang-i Fārsī ʾAmīd*].

Anğawī (1876) — Anğavī Šīrāzī, Ğamāl ad-dīn Ḥusain Mul-laqab be ʿAzad'ul-Daula: *Farhang-i Ğahangīrī,*, Ğild 1.2, Lakhnu 1293 n. H. [1876].

Asadī (*Lug.-Frs*) — Asadī, Abū Naṣr ʿAlī Ibn Aḥmad (11. Jh. n. Chr.): *Asadī's neupersisches Wörterbuch Lughat-i Furs nach der einzigen vaticanischen Handschrift,* hrsg. v. Paul Horn. Berlin, Weidmannsche Buchhandlung 1897 [Abhandlungen der Königl. Gesellschaft der Wissenschaften zu Göttingen. Phil-hist. Klasse. Neue Folge Bd. 1. Nro. 8].

Asadī (*Gn*) — Asadī, Abū naṣr ʿAlī Ibn Aḥmad (11. Jh. n. Chr.):
Garšāspnāme
1. Le Livre de Gerchasp. Poème Persan d'Asadī Junior de Toūs. Publ. et. trad. par Clément Huart. Tom 1, Paris 1926 [siehe dazu Uto von Melzers Rez., in: *WZKM* 38, 285–286], (H).
2. Garšāspnāme-i Ḥakīm bū Naṣr ʿAli ibn Aḥmad Asadī Tūsī. Ed. Ḥabīb Yaġmā'ī, Teheran, Brūḫīm 1938 (= 1317 h. š.), (Y).

Āwīšan (1986) — Ā. Āwīšan: yek Pažūhiš dar mo'rade arzeš yābiye nām-i-doxtarān-i īrānī az dīdgāhe ğāmeʿi šanāsī-ye zabān, Intešārāt-i Navīd, BRD, 1986.

Blochmann (1868) — J. C. Blochmann: *Contribution to Persian Lexicography,* in: *Journal of the Asiatic Society of Bangal,* Vol. 37, Part 2, No. 1, 1868, 1–72.

Blochet (1928) — *Catalogue des Manuscripts Persans de la Bibliothéque nationale,* 3 Vol. Paris 1928.

Beradze (1988) — G. Beradze and Lydia P. Smirnova: *The date of*

Composition of Iḥyā 'al-Mulūk. In: *Iran Name,* Vol. VI, No. 3, 1988.

BÜRGEL (1979) — J. C. BÜRGEL: Die Liebesvorstellungen im persischen Epos Wis und Ramin. AsSt 33, 2, 1979, 65–98.

Burh.-Qāṭ (17. Jh.) — IBN ḪALAF-I TABRĪZĪ: Burhān-i Qāṭi', Ed. M. 'Abāsī. Intešārāt-i Fireydūn-i'Ilmī, Teheran, 2. Aufl., 1965 [1. Aufl. 1958 (=1337 h. š.)].

DĀNĀ'Ī (1985) — FARĪDEH DĀNĀ'Ī: *Farhang-i Nāmha-ye Īrānī,* Intešārāt-i Nigāh, Teheran, 1985.

EDWARDS (1922) — E. EDWARDS: *Catalogue of the Persian printed books in the British Museum.* London 1922, pp. viii; cols. 968.

EncIra: (1982) — *Encyclopaedia Iranica.* Ed. by Ehsan Yarshater. Columbia University, New York, Vol. I–III, 1982–1987.

ETHÉ (1889) — HERMANN ETHÉ: *Catalog of the Persian, Turkish, Hindūstānī and Pashtū Manuscripts in the Bodleian Library.* Begun by Prof. Ed. Sachau, Ph. D. of the Univ. of Berlin. Continued, completed and edited by Hermann Ethé, Ph. D. Hon. M. A. Part. 1: Persian Manuscripts Oxford At the Clarendon Press MDCCC LXXXIX.

ETHÉ (1904) — HERMANN ETHÉ: *Neupersische Literatur.* In: *Gr.IP* II, 212–368 [mit guter Bibliographie bis 1904].

FAḪRU'D-DĪN (*W u R*) — FAḪRU'D-DĪN AS'AD GURGĀNĪ AL-ASTARĀBĀDĪ: *Wīs u Rāmīn:*

1. Vis va Ramin of Fakhr al-din Gurgani. Persian critical text composed from the Persian and Georgian oldest manuscripts by Magali A. Touda and Alexander A. Gwakharia. Ed. by Kamal Aíní. Iranian Culture Foundation 101, Teheran 1970 (=1349 h. š.) (Teh).
2. Wis o Rámin. A Romance of Ancient Persia. Translated from the Pahlawi and rendered into Verse by Fakhr al-dín Asád al-Astarábádi, al-Fakhri, al Gurgáni. Ed. by Captain W. N. Less. LL. D. and Munshi Ahmad Ali. Calcutta 1865 (C).
3. Vis and Rāmin. A Romance of Ancient Iran. Originally written in Pahlavi and rendered into Persian Verse by Fakhroddin Gorgāni C. 1054 A. D. Ed. for the Ministry of Education by Mojtabā Minovi. First Vol.: Text. Teheran: Beroukhim 1935 (=1314 h. š.).
4. Faḫrud-dīn Gurgānī: Wīs u Rāmīn. Ausführliche Einleitung, mit Kommentar und Erläuterungen sowie Registern. Ed. Muḥammad Maḥǧūb,

	Teheran, Bungāh-i Našr-i andīšeh, Kitabẖāne-i Ibn-i Sīnā Januar 1959 (=1337 h. š.).
FIRDAUSĪ (*Šn*)	FIRDAUSĪ, ABUL-QĀSIM (10. Jh. n. Chr.): *Šāhnāme* (*Šn*): 1. The Shah Name. Ed. by Turner Macan. 4 Vol., Calcutta 1829 (=C). 2. Le Livre des rois. Publ. par Jules Mohl. 7 Vol., Paris 1838–1878 (=M). 3. Firdusii liber regum qui inscribitur Schahname. Ed. J. A. Vullers, 3 Vol., Lugduni Batavorum 1878–1884 (=V). 4. Firdausi: Šāhnāme, Hrsg. Ḥāǧī Aḥmad Āqā Tāǧir. Täbris [Selbstverlag], O. J. (=Tb). 5. Šāhnāme-i Firdausī. Matn-i Inteqādī. Ausgabe d. Akademie der Wissenschaften der UdSSR. Ed. Bertel's und Nōšīn u. a. 9 Vol., Moskau 1963–1971 (=Be).
FRITZ (1983)	*Die Ossetischen Personennamen*. Geisteswiss. Diss. Univ. Wien 1983 [maschinenschriftl.].
GIGNOUX (1986)	PHILIPPE GIGNOUX: *Noms Propres Sassanides en moyenperse épigraphique* (*IPNB*, Bd. 2: *Mitteliranische Personennamen*. 2. Faszikel). Hrsg. v. MANFRED MAYRHOFER und RÜDIGER SCHMITT. Verlag der ÖAW, Wien 1986.
Giyaṯ'ul-luġāt	MOḤAMMAD GAYĀṮ'UD-DĪN IBN ǦALĀL'UD-DĪN IBN ŠARAF'UD-DĪN RĀMPŪRĪ: *Gayāṯ'ul-luġāt*, Bombay 1827 (=1242 n. H.). 2.? Auflage 1880.
GOBINEAU (1869)	LE COMTE DE GOBINEAU: Histoire des perses' d'après les auteurs orinetaux, grecs et Latins. T. 1, Paris 1869. [ferner: *Mélanges Asiatiques*, Vol. VI].
Gr. IP (1904)	GEIGER, W., KUHN, E. [Hrsg.]: *Grundriß der Iranischen Philologie*. 2 Bd., Straßburg: Trübner 1896–1904.
Haft-Qulzum	Siehe MAULAVI.
HORN (1897)	Justi, F.: Iranisches Namenbuch [Rez.], in: *Anzeiger für indogermanische Sprach- und Altertumskunde*. Hrsg. von Wilhelm Streitberg. 8. Bd., 1. u. 2. Heft, Straßburg 1897, 49–54 [siehe JUSTI 1895].
HORN (1909)	Geschichte der neupersischen Literatur. 2. Aufl., Leipzig 1909.
JUSTI (1895)	FERDINAND JUSTI: *Iranisches Namenbuch*. Gedruckt mit Unterstützung der Königlichen Akademie der Wissenschaften. Marburg. Elwertsche Verlagsbuchhandlung 1895 [Nachdruck: Hildesheim 1963; siehe HORN 1897].
KALBASI (1988)	ĪRĀN KALBĀSĪ: Abkürzung der Eigennamen in

der persischen Umgangssprache, in: *Spektrum Iran*, 1. Jg. 1988, Heft 2, 59–62.

KHALEGHI (1981) DJALAL KHALEGHI-MOTLAGH: *Die Frauen im Schahname*. Diss., Freiburg 1981.

KHALEGHI (1982) DJ. KHALAGHI-MOTLAGH: Faramarz-nama, in: *Iran Name*. Vol. I, No. 1, 22–45. 1982 (= 1361 h. š.).

KHALEGHI (1982/83) DJ. KHALEGHI-MOTLAGH: Yakī dāstān àst por āb-i čašm. In: *Iran Name*. Vol. I, No. 2, 164–205. 1982/83 (= 1361 h. š.).

KHALEGHI (1983) DJ. KHALEGHI-MOTLAGH: Gardešī dar Garšaspnāme 1–3, in: *Iran Name*, Nr. 1 in: Vol. I, No. 3, 388–423, 1983 (= 1362 h. š.), Nr. 2 in: Vol. I, No. 4, 513–559, 1983 (= 1362 h. š.), Nr. 3 in: Vol. II, No. 1, 94–147, 1983 (= 1362 h. š.).

KHALEGHI (1984/85) DJ. KHALEGHI-MOTLAGH: Moʿarafi-ye qate-ʿāt-i ilhāqī-ye Šāhnāme 1–2. In: *Iran Name*. Nr. 1 in: Vol. III, No. 1, 26–53, 1984 (= 1363 h. š.) und Nr. 2 in: Vol. III, No. 2, 246–261, 1984/85 (= 1363 h. š.).

KHALEGHI (1985/86) DJ. KHALEGHI-MOTLAGH: Moʿarafī wa arz-yābīye barxī az dastnawīs-hāye Šāhnāme 1–3. In: *Iran Name*. Nr. 1 in: Vol. III, No. 3, 378–406. 1985 (= 1364 h. š.), Nr. 2 in: Vol. IV, No. 1, 16–47. 1985 (= 1364 h. š.) und Nr. 3 in: Vol. IV, No. 2, 225–255. 1985/86 (= 1364 h. š.).

KHALEGHI (1986/87) DJ. KHALEGHI-MOTLAGH: Yāddāšt-hā'ī dar taṣḥīḥ-i inteqādī bar maṯāl-i Šāhnāme. 1–3 in: *Iran Name*. Nr. 1 in: Vol. IV, No. 3, 362–390, 1986 (= 1365 h. š.) und Nr. 2 in: Vol. V, No. 1, 47–75, 1986 (= 1365 h. š.) und Nr. 3 in: Vol. V, No. 2, 250–285. 1986/87 (= 1365 h. š.).

KHALAGHI (1987) DJ. KHALEGHI-MOTLAGH: Bār wa ā'īn-i ān dar īrān. In: *Iran Name*. Vol. V, No. 3, 393–437. 1987 (= 1366 h. š.).

KHALEGHĪ (1988) DJ. KHALEGHI-MOTLAGH: Babre Bayān. 1–2 in: *Iran-Name*. Nr. 1 in: Vol. VI, No. 2. 1987/88 (= 1366 h. š.), 200–227, Nr. 2 in Vol. VI, No. 3, 382–416. 1988 (= 1367 h. š.).

Luġatnāme-i Dihxodā *Loghat-Nama (Dictionair Encyclopédique)*. Fondé par Alī Akbar Dihxodā (1879–1956). Sons la direction de Muhammad Moʿīn, Teheran, 1946–...

MATINI (1984/85) JALAL MATINI: Kūsh-i Pīlgūsh (Nabard-i pedar wa pesar). In: *Iran Name*, Vol. III, No. 2, 290–300. 1985/86 (= 1363 h. š.).

MATINI (1985) JALAL MATINI: Farīdūn's Early Years According to Different Sources. In *Iran Name*, Vo. IV, No. 1, 87–132, 1985 (= 1364 h. š.).

MATINI (1986) — JALAL MATINI: Various Accounts of the Shoulder Snakes of the Serpent King Ẕaḥḥāk, in: *Iran Name* Vol. IV, No. 3, 447–464, 1986 (= 1365 h. š.).

MATINI (1987) — JALAL MATINI: „Kūsh or Gūsh“. In: *Iran Name*, Vol. VI, No. 1, 1–14, 1987 (= 1366 h. š.).

MAULAVĪ (1822) — QABŪL MUḤAMMAD, MAULAVĪ (Ed.): *Haft Qulzum*, 1–7. (3.? Aufl.: Lakhnū 1891).

MAYRHOFER (1973) — MANFRED MAYRHOFER: *Onomastica Persepolitana. Das altiranische Namengut der Persepolis-Täfelchen.* Unter Mitarbeit von János Harmatta, Walther Hinz, Rüdiger Schmitt und Jutta Seifert. Wien 1973 (= Sb ÖAW 286 = Veröffentl. d. Iran. Komm. 1).

MAYRHOFER (1979) — *IPNB.* Band 1: MANFRED MAYRHOFER: Die altiranischen Namen (Faszikel 1, 2 und 3 in einem Band), 1979. Fasz. 1: Die awestischen Namen. 1977. Faszikel 2: Die altpersischen Namen. Faszikel 3: Indices zum Gesamtband 1979 [für weitere onomastische Arbeiten Mayrhofers s. Rastegar 1987].

MEIER (1963) — FRITZ MEIER: Die Schöne Mahsati. Bd. 1, Franz Steiner Verlag G.m.b.H. Wiesbaden 1963.

MELZER (1931) — UTO VON MELZER (Rez.:): HUART, CLÉMENT: Le Livre de Gercházp. In: *WZKM* 36, 166–169.

MEREDITH (1968) — G. MEREDITH-OWENS: *Handlist of Persian manuscripts acquired by the British Museum from 1895–1966.* London 1968. pp. 136.

MEREDITH (1973) — G. MEREDITH-OWENS: *Persian illustrated manuscripts.* London 1965. Revised edition 1973. pp. 32; pl. 24.

MINORSKY (1964) — VLADIMIR MINORSKY: Twenty Articles by V. Minorsky. Publ. of the Univ. of Teheran. Vol. 775. Iranica. 1964.

MINORSKY (1954) — VLADIMIR MINORSKY: Vīs-u-Rāmīn. I–III, in: *Bulletin of The School of Oriental and African Studies (BSOAS)*, Univ. of London, 1947, XI 4, 1947, I 1, 1954 XVI, 1, 91–92.

MODDABERĪ (1984) — MAḤMŪD MUDDABERĪ: *Farhang-i Nāmhā. Adabī-tārīḫī-'iǧtemā'ī* [maǧmū'i-yī az nāmhāye tārīḫī, dāstānī wa mo'āṣer]. Teheran: Našr-i Pānūs, 1984.

MO'ĪN (1964) — MOHAMMAD MO'ĪN: *An intermediate Persian Dictionary.* Vol. 5. Amīr Kabīr Publishing Corp. Teheran 1985; (7. Aufl. 1985 – hiernach zitiert).

MOŠĀR (1965) — ḪĀNBĀBĀ MOŠĀR: *Mo'allafīn-i Kotob-i čāpī.* 5 Bde., Teheran, 1961–1965.

MOŠĀR (1974) — ḪĀNBĀBA MOŠĀR: *Fihrist-i Kitāb-hā-ye čāpī-ye Fārsī*, Teheran, 1958–1974.

Muǧmal'at-Tawārīḫ — Muǧmal'at-tawārīḫ wa'l qaṣaṣ, ed. Malak'uš-šu'arā Bahār. Teheran 1318 h. š. (=1937).

NAWABI (1971) — Y. M. NAWABI: *Bibliography of Iran.* A List of books and articles on Iranian Subjects, mainly in European Languages [Culture Fondation], [Vol. I Teheran 1969], Vol. II, Teheran 1971 (Persian Language and Literature).

NAKHA'Ī (1970) — ḤOSSEYN NAKHA'Ī: *Nāmnāme.* Ṭahūrī. Teheran 1970.

NIẒĀMĪ (*XŠ, HP, Šrf. Iqn*) — NIẒĀMĪ, NIẒĀM'UD-DĪN MUḤAMMAD ILYĀS IBN YŪSUF:

Xosrau u Šīrīn (*XŠ*):

1. Xosrau u Šīrīn, in: *Kitāb-i Mustaṭāb-i Xamse-ye Niẓāmī*, ed. Mīrzā 'Alī Taqī Ṣāḥib, Bombay: Moẓaffarī, 1325–1328 n. H. (1908–1911), 48–194 (=B).
2. Xosrau u Šīrīn, in: *Kulliyāt-i Xamse-ye Niẓāmī Ganǧe-'ī.* Teheran, Amīr Kabīr 1963 (=1341 h. š.), 119–423 (=A).
3. Xosrau u Šīrīn, in: *Dīwān-i Kāmil-i Niẓāmī-i Ganǧawī* (mit der Einleitung MO'INFARS], Intešārāt-i Zarrīn, Teheran, o. D. (2. Aufl. 1983=1362 h. š.), 94–349 (=Z).
4. Nisami: Chosrou wa Schirin, ed. Waḥīd Dastǧirdī, Teheran, Maṭba'i-ye Armaġān 1934 (=1313 h. š.) (=D).

Haft Paikar (*HP*):

5. Heft Peiker. Ein romantisches Epos des Niẓāmī Ganǧe'ī. Hrsg. v. Helmut Ritter und Jan Rypka. [Československy Ustav Orientální v Praze Monografie Archivu Orientálniho, ed. by J. Rypka Vol. III] Praha, Paris, Leipzig 1936 (=R).
6. *Kitāb-i Bahrāmnāme*, in: *Xamse-ye Niẓāmī* (=B), 1–114.
7. Haft Paikar, in: *Kulliyāt-i Niẓāmī* (=A), 599–835.
8. Haft Paikar, in: *Dīwān-i* Niẓāmī (=Z), 497–695.

Šarafnāme (*Šrfn*):

9. Niẓāmī Ganǧawi Šarfnāme, ed. 'Alīzādeh-Bertel's. Veröffentl. Ak. d. Wiss. UdSSR-Aḏarbāyǧān. Baku 1947.
10. Šarafnāme, in: *Xamse-ye Niẓāmī* (=B), 115–250.
11. Šarafnāme, in: *Kulliyāt-i Niẓāmī* (=A), 837–1162.
12. Šarafnāme, in: *Dīwān-i Niẓāmī* (=Z), 696–972.

Iqbālnāme (*Iqn*):
13. Niẓāmī Ganǧawī Iqbālnāme, ed. Bābāyev/Bertel's. Baku 1947.
14. Iqbālnāme, in: *Xamse-ye Niẓāmī* (=B), 251–334.
15. Iqbālnāme, in: *Kulliyāt-i Niẓāmī* (=A), 1163–1338.
16. Iqbālnāme, in: *Dīwān-i Niẓāmī* (=Z), 973–1117.

Nöldeke (1904) Theodor Nöldeke: *Das Iranische Nationalepos*. In: *Gr.-IP.*, Bd. 2, 130–211. [2. Aufl. Berlin u. Leipzig 1920].

Omidsalar (1984) M. Omidsalar: Zaḥḥāk Son of Mardas, or Zaḥḥāk the Cannibal? In: *Iran Name*, Vol. II., No. 2, 329–339, 1984 (=1362 h. š.).

Piemontese (1980) A. M. Piemontese: Nuova luce su Firdawsī: uno „Šāhnāma" datato 614 H./1217 a Firenze, in: *Annali dell'Istituto Orientale di Napoli*, 40, 1980, 1–93.

Rastegar (1987) Nosratollah Rastegar: *Onomastische Forschungsprobleme bei der Neupersischen Überlieferung*. Sonderabdruck der ÖAW 1987, 79–109.

Rieu (1879) Charles Rieu: *Catalogue of the Persian Manuscripts in the British Museum*. Vol. 1–3, Berlin 1879.

Rieu (1895) Charles Rieu: *Supplement to the Catalogue of the Perian Manuscripts in the British Museum*. Oxford Univ. Press. Amen Corner 1895.

Rypka (1959) Jan Rypka: *Iranische Literaturgeschichte*. Unter Mitarbeit von O. Klimá u. a. Leipzig: VEB O. Harrassowitz 1959 [English Ed.: History of Iranian Literature, Dordrecht 1968].

Ṣafā (1985a) Ḏabīḥu'l-Lāh Ṣafā: Tārīḫ-i adabīyāt dar īrān [A History of Iranian Literature], 5 Vol., 6. Aufl., Teheran 1984/85 (=1363 h. š.).

Ṣafā (1985b) Ḏabiḥu'l-Lāh Ṣafā: Ḥamāse-sarā'ī dar Īrān, 4. Aufl., Teheran 1985 (=1363 h. š.).

Šāhīn (1976) Dāreyūš Šāhīn: *Farhang-i barguzīde-ye nāmhaye īrānī*. Kitābfurūšī-ye Faxr-i Rāzī, Teheran, 1976.

Schmitt (1978) Rüdiger Schmitt: *Nomenclator Justianus. Index d. in den morpholog.-etymolog. Verzeichnissen von Ferdinand Justis „Iranischem Namenbuch" erfaßten Namen*, Saarbrücken 1978 (Univ. d. Saarlandes).

Schmitt (1978) Rüdiger Schmitt: *Die Iranier-Namen bei Aischylos*. ÖAW, Phil.-hist. Kl. SB, 337. Bd. (Veröffentl. d. Iran. Komm. Hrsg. v. Manfred Mayrhofer. Bd. 6) Wien 1978.

SCHMITT (1981) — RÜDIGER SCHMITT: *Altpersische Siegel-Inschriften*. ÖAW. Phil.-hist. Kl. SB, 381. Bd. (Veröffentl. d. Iran. Komm. Bd. 10) Wien 1981.

SCHMITT (1982) — RÜDIGER SCHMITT: *IPNB* (Hrsg. v. Manfred Mayrhofer und Rüdiger Schmitt). Bd. V, Faszikel 4. RÜDIGER SCHMITT: *Iranische Namen in den indogermanischen Sprachen Kleinasiens (Lykisch, Lydisch, Phrygisch)*. ÖAW (Sonderpubl. d. Iran. Komm.) Wien 1982. Für weitere namenkundliche Arbeiten RÜDIGER SCHMITTS siehe RASTEGAR 1987.

SHIHĀBĪ (1988) — ʿA. A. SHIHĀBĪ: Namūne'ī az šīwi-hāye 'btikārī wa gūnāgūn-i dānišmandān-i īrānī dar fan-i farhang newīsī. In: *Iran Name*, Vol. VI, No. 3, 458–480, 1988 (=1367 h. š.).

Spektr.Ir (1988) — *Spektrum Iran*. Zeitschrift für islamisch-iranische Kultur. 1. Jahrgang 1988, Heft 2 [Hrsg.: Kulturabteilung der Botschaft der Islamischen Republik Iran, Bonn].

Tārīḫ-i Sīstān — Tārīx-i Sīstān. Ed. M. T. Bahar, Teheran 1319 h. š. (1939).

TITLEY (1922) — N. M. TITLEY: *Persian Illustrated Manuscripts: Catalogue and subject index of miniatures from Persian manuscripts and albums in the British Library and the British Museum*. London 1977, pp. 377; pl. 41.

WERBA (1979) — CHLODWIG WERBA: Zu einigen offenen Fragen der achämenidischen Onomastik. Wien: Verlag der Akademie 1979. Sonderabdruck aus dem *Anzeiger der Phil.-hist. Kl. der ÖAW*, 116. Jahrgang 1979. So 3, 13–25].

WERBA (1982) — CHLODWIG WERBA: *Die arischen Personennamen und ihre Träger bei den Alexanderhistorikern (Studien zur iranischen Anthroponomastik)*. Geisteswiss. Diss. Univ. Wien, 1982.

WOLFF (1935) — FRITZ WOLFF: *Glossar zu Firdosis Schahname* [mit Supplementband: Verskonkordanz], Georg Olms Verlagsbuchhandlung [reprogr. Nachdruck Berlin 1935], Hildesheim, 1965.

YARSHATER (1984/85) — EHSAN YARSHATER: The Absence of Median and Achaemenian kings in Iran's Traditional History. In: *Iran Name*, Vol. III, No. 2, 191–213, 1984/85 (=1363 h. š.).

YARSHATER (1988a) — EHSAN YARSHATER: Yaddašt (4), in: *Iran Name*, Vol. VI, No. 3, 371–373, 1988 (=1367 h. š.).

YARSHATER (1988b) — EHSAN YARSHATER: Ṭabʿ-i 'intiqādī-ye Šāhnāme, in: *Iran Name*, Vol. VI, No. 3, 481–489, 1988 (=1367 h. š.).

ZWANZIGER (1973) RONALD ZWANZIGER: *Studien zur Nebenüberlieferung iranischer Personennamen in den griechischen Inschriften Kleinasiens. Ein Beitrag zu dem neuen Iranischen Namenbuch*. Diss. Wien 1973.

ZWANZIGER (1977) RONALD ZWANZIGER: *Zum Namen der Mutter Zarathustras*. ÖAW. Phil.-hist. Kl. (Veröffentl. d. Iran. Komm. Hrsg. Manfred Mayrhofer, Bd. 5), Wien 1977.

VERZEICHNIS DER ABKÜRZUNGEN UND SYMBOLE[1]

a.	auch
a. a. O.	am angegebenen Ort
A.	Anmerkung
Āḏbn	Āḏarbarzīnnāme
app. crit.	Apparatus criticus
BGn	Bānū Gušaspnāme
Bn	Bahmannāme
Brzn	Barzūnāme
Burh.-Qāṭ	*Burhān-i Qāṭi'* [s. Bibl.]
Enc Ira	*Encyclopaedia Iranica* [s. Bibl.]
FB und FL	Londoner Handschriften des *Fn*
Fn	Farāmarznāmne
Gn	Garšāpnāme
H	Le Livre de Gercházp [Ausgabe HUARTS, s. Bibl. ASADĪ (Gn) = P]
HP	Haft Paikar [s. Bibl.: NIẒĀMĪ]
IPNB	*Iranisches Personennamenbuch*. Österreichische Akademie der Wissenschaften. Phil.-hist. Kl. Veröffentlichungen der Iranischen Kommission.
Iqn	Iqbālnāme [s. Bibl.: NIẒĀMĪ]
Iran Name	Iran Name. A Persian Journal of Iranian Studies. [A Publikation of the Foundation for Iranian Studies], Washington.
Isk	Iskandarnāme (= Šarafnāme u. Iqbālnāme) von Niẓāmī [s. Bibl.]
KK	Kok-i Kōhzād
Kn	Kōšnāme
L 1, L 2 etc.	jeweilige Londoner Handschriften eines Werkes [so auch z. B. das Symbol FB, FL: bei *Fn* etc.]
Luġ.-Frs	*Asadīs neupersisches Wörterbuch Lughat-i Furs* [s. Bibl.]
n. H.	nach Hiǧrat
NpPNB	*Neupersisches Personennamenbuch*

[1] Für die weiteren, hier nicht definierten Abkürzungen und Symbole siehe RASTEGAR (1987), 124, 106ff.

P	Pariser Handschrift des *Garšāspnāme* [s. Bibl.: Asadī (*Gn*)=H]
Ṣa. T	Ṣafā, Ḍ: Tāriḫ-i adabīyāt dar Īrān [s. Bibl.]
Ṣa. H.	Ṣafā, Ḍ: Ḥamase sarā'ī [s. Bibl.]
Šhryn	Šahryārnāme
Šn	Šāhnāme [s. Bibl.: Firdausī]
Šrfn	Šarafnāme [s. Bibl.: Niẓāmī]
WuR	Wīs u Rāmīn [s. Bibl.: Faḫru'd-Dīn]
XŠ	Xosrau u Šīrīn [s. Bibl.: Niẓāmī]

TRANSKRIPTIONS- UND TRANSLITERATIONSTABELLE

TL	TK		TL	TK	
ʿ	ʿ	ـعـ / ـع / عـ / ع	ʼ, ʾ	ʼ, ʾ	ء / ئـ / إ / ا/ا
Ġ	ġ	غـ / ـغ / ـغـ / غ	A	ā, a	ا
F	f	فـ / ف	Ā	ā	آ
Q	q	قـ / ق	B	b	ب
K	k	ك	P	p	پ
G	g	گ	T	t	ت
L	l	ل	Ṯ	ṯ	ث
M	m	م	Ğ	ğ	ج
N	n	ن	Č	č	چ
W	w	و	Ḥ	ḥ	ح
H	h	ه / ـهـ / هـ	X/Ḫ	x/ḫ	خ
Y	y, i, ī	ی	D	d	د
ʼA	a	ـَ	Ḍ	ḍ	ذ
E	i, e	ـِ	R	r	ر
H	i, e	ـه	Z	z	ز
ʼY	ē, ī, ai	ایـ / ای	Ž	ž	ژ
O	o, u	ـُ	S	s	س
ʼO	u, ō, o	اُ	Š	š	ش
ʼW	ū, ou	او / اؤ	Ṣ	ṣ	ص
W	v, u, o	و	Ẕ	ẕ	ض
ʼʼW	au	آو	Ṭ	ṭ	ط
ĀY	ay	آی	Ẓ	ẓ	ظ